KB053953

국보,
역사의 명장면을 담다

일러두기

- 도서는 《 》, 작품명·신문·영화는 〈 〉로 묶어 표기했습니다.
- 이 책에 사용된 도판은 소장처 및 소유자의 동의를 얻어 수록했으며, 그렇지 못한 일부 작품의 경우 저작권자가
  확인되는 대로 정식 절차를 밟고자 합니다.

국보,
역사의 명장면을 담다

배한철 지음

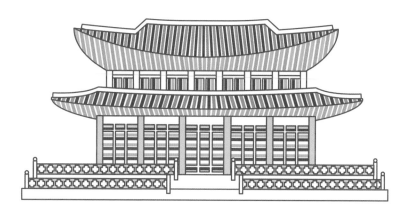

매일경제신문사

휴일이면 서울 주변의 유적지를 주로 둘러본다. 그중에서도 가장 즐겨 찾는 곳은 서울 도심과 주변 산을 조망할 수 있는 북한산의 명승 비봉이다. 꼭대기에 놓인 비석에 기대앉아 시원한 산바람을 맞으며 망중한도 즐긴다.

북한산을 오르는 사람들 대다수는 산꼭대기에 서 있는 이 비석의 실체나 의미를 제대로 알지 못하고 그냥 지나치기 일쑤다. 어느 날인가 30대 후반으로 보이는 남자 두 명이 "혹시 이 돌이 뭔지 아느냐"고 물어왔다. 비석의 주인공이 누군지 알려주면서 글자를 몇 줄 읽어 해독하니 "비석인 줄 몰랐다"며 놀란다. 흔히 정상 표지석으로 착각하곤 하는 이 비석은 사실 진흥왕 순수비이다. 신라의 정복 군주였던 진흥왕이 한강 유역을 정복한 뒤 이를 기념해 세운 것으로, 비봉이라는 명칭도 이 비석에서 유래했다.

국보 제3호인 진흥왕 순수비는 우리 문화재의 수난사를 고스란히 간직하고 있다. 비석 상단은 두 동강 났고 하단 모서리 한 귀퉁이는 크게 떨어져 나갔다. 설상가상 한국전쟁 중 근처에서 고지전이 빈번히 벌어져 비석 뒷면에는 총탄 상처도 많다. 원래의 자리에는 재현품이 서 있고 훼손이 심한 진품은 국립중앙박물관으로 옮겨져 그곳에서 만날 수 있다.

비록 복제품이기는 하지만 비석은 예전의 장엄함을 제법 드러내며 글씨도 잘 재현해 놓았다. 이처럼 문화재는 처음 제작된 시점부터 질곡의 근현대사에 이르기까지, 수많은 역사의 진실과 비밀을 고스란히 간직한 채 우리 바로 옆에서 살아 숨쉰다. 이런 배경 지식과 문화재에 대한 인식이 있어야 의미 있는 문화재 답사가 될 수 있을 것이다.

필자에게 문화재를 찾아가 관람하는 것은 일종의 문화적 행위이다. 우리는 흔히 공연이나 영화 속 주인공과 함께 울고 웃으면서 깊은 감동을 경험한다. 국보와 같은 문화재를 답사하면서도 사람들은 감상에 젖을 수 있다. 필자는 문화재를 시간의 예술품이라고 정의하고 싶다. 특히 최고의 가치를 인정받는 국보는 기술적으로 당대 공력이 집결된 명품이기도 해야겠지만 그와 더불어 켜켜이 쌓인 시간의 흔적이 더해져야 전정한 가치를 발하게 된다. 그러한 세월의 더께는 지켜보는 사람들의 마음을 움직인다. 장구한 역사 속에서 온갖 풍상의 흔적을 간직한 처연함, 그러한 세월을 모두 이겨낸 대견함, 그리고 제대로 지켜주지 못했다는 미안함 등 말로 표현하기 힘든 복잡 미묘한 감정이 솟구친다.

이러한 국보를 제대로 감상하려면 눈으로 직접 보는 답사가 무엇보다 중요하다. 아무리 화질 좋은 영상으로 담는다고 하더라도 현장에서 공연을 직접 보는 감동과 녹화한 공연을 보는 것을 비교할 수 없을 것이다. 감정 변화에 따른 배우의 섬세한 표정 변화, 공연장의 변화무쌍한 분위기 등 영상은 현장에서 느낄 수 있는 미묘한 변화의 순간을 모두 담아내지 못한다. 국보를 볼 때도 마찬가지다. 그래서 필자는 문화 행위의 일환에서, 한편으로는 연구의 고증 차원에서 수시로 박물관에 들르고 문화재 현장도 끊임없이 찾아다닌다. 이렇게 발품을 팔면서 얻은 생생한 체험은 꾸준히 문화재와 역사에 관한 칼럼을 쓰고 관련 책을 출간하는 작업의 밑바탕이 됐다.

그러나 필자는 경제학으로 학사, 경영학으로 석·박사를 받고 이후 경제신문에서 25년 이상 기자로 일했다. 그래도 지금은 오타쿠, 속칭 덕후의 시대다. 오타쿠란 전공을 하지 않았으면서도 전문가 이상의 열정과 흥미를 느끼고 전문 지식을 쌓아가는 사람을 이른다. 비전공자가 전문가 뺨치는 세상이다. 필자도 굳이 언급하자면 문화재, 역사 오타쿠쯤 된다고나 할까.

필자는 유년기부터 이야기를 유난히 좋아했다. 너무 책을 읽고 싶어 초등시절 학교 앞 할부 책장수에게 명작 문고 전집을 부모님 허락도 없이 덜컥 샀다. 금세 발각될 일이었지만 부푼 가슴으로 책을 펴들었던 그때의 설렘은 지금도 잊지 못한다. 이야기를 좋아하는 필자는 자연스럽게 역사 쪽으로 시선이 옮아갔다. 역사에 대한 열정과 관심은 고교 은사를 만나면서 더욱 강렬해졌다. 당시 배우던 역사는 연대를 단순히 나열하고 사건이나 인물을 기계적으로 외워야 하는 따분하고 지루한 과목이었다. 흥미진진한 이야기로 풀어내는 은사의 강의는 주입식 교육에 익숙해 있던 필자를 열광시켰다. 불행히도 여러 현실적 여건상 대학은 사학과나 고고학과를 선택하지 못했다. 그렇지만 그 이후에도 역사 공부는 중단하지 않았다.

사실 역사라는 학문은 이야기와 아주 밀접하게 연관돼 있다. 사람들은 역사책의 내용을 실제 과거에 있었던 사실로 받아들이곤 한다. 하지만 전해지는 문헌이나 고고학적 성과는 그야말로 편린에 지나지 않는다. 특정인의 시각으로 기술된 글이 절대적 사실이 될 수 없듯이, 몇 조각에 불과한 발굴품이 거대한 역사적 현상을 설명하는 결정적 단서는 되지 못한다. 절대적으로 부족한 사료와 감춰진 사실 사이의 간극은 상상력과 이야기로 채울 수밖에 없는 것이다. 비어 있는 부분을 이야기로 메운다고 해서 허구로 꾸며서는 곤란하다. 상상력은 발휘하되 최대한 실증을 담보하려는 노력도 함께 필요하다.

이를 위해 필자는 역사서와 고문헌을 뒤지는 동시에 역사적 장면과 상황을 상상하면서 소일한다. 단군은 실존했을까, 《일본서기》 전반부는 어째서 사라진 가야 제국의 내용 일색일까, 왜는 한반도 남부에 있던 국가였나, 경주 김씨 왕조는 흉노 왕의 자손인가, 여진족은 왜 우리 민족의 범주에서 떨어져 나갔을까, 청 태조 누르하치는 신라 귀족의 후손인가 등 제목만으로도 파격적인 주제들이 허다하다. 그런 과정에서 새로운 의문을 품고 그 의문의 해답을 찾아가는 일을 수없이 반복한다.

지금까지 필자는 '문화재'와 '한국사'라는 두 주제에 천착해 왔다. 전작 《얼굴, 사람과 역사를 기록하다》는 초상화로 역사를 읽어 내고자 했고, 《역사, 선비의 서재에 들다》는 여러 고전 문헌을 다시 들춰보며 역사를 정확히 들여다보고자 했다. 이번 신간은 대한민국의 간판 국보가 그 주인공이다.

이번 책에는 문화재와 역사에 대한 필자의 오랜 연구 성과물을 담았다고 말할 수 있다. 책에 등장하는 국보는 우리가 모두 알고 있는 대한민국 대표 국보들이다. 하지만 그것의 제작 의도, 역사적 배경, 의미, 변천사를 제대로 이해하는 사람은 많지 않다. 많은 독자가 한국사와 국보에 보다 가깝게 다가갈 수 있도록 흥미진진한 이야기로 책을 꾸몄다.

지금까지 거의 공개된 바 없는 일제강점기 이전의 국보 사진을 다수 수록해 시각적 효과를 극대화했다는 것도 이 책의 중요한 특

징이다. 무너지기 직전의 불국사와 미륵사탑, 사람들이 잔뜩 올라
가 있는 첨성대, 곡식 말리는 중앙탑, 눈 맞는 해인사 대장경판 사
진 등은 이미 우리가 알고 있는 국보의 모습에 과거의 필터를 덧씌
워 다층적인 시간을 느끼게 한다.

문화재 연구의 선구자인 우현 고유섭은 "창조는 전통 위에서 이
뤄진다. 역사는 생활의 잔해가 아니라 창조의 온상이며 고적은 한
낱 술 찌꺼기가 아니라 역사의 상징, 전통의 구현"이라고 했다. 국
보는 먼지 풀풀 날리는 창고 속의 골동품이 아니라 우리 역사의 징
표이자 새로운 시대의 창조적 원동력인 것이다. 이 책을 통해 그동
안 우리가 몰랐던 새로운 국보의 세계를 경험해 보기 바란다.

배 한 철

1부

국보 발굴 현장 답사기

배수로 공사 중 우연히 발견한 사마왕의 무덤

무령왕릉 출토품

"사마왕斯摩王의 무덤이다!"

최초로 무덤 안으로 들어간 발굴단장 김원룡 국립박물관장과 김영배 공주박물관장은 20분 만에 밖으로 나왔다. 두 관장은 흥분한 나머지 머리를 한 대 맞은 듯한 멍한 얼굴을 하고 있었다. 문화재관리국 건축기사 윤홍로가 김원룡 관장에게 "무령왕 무덤이 아니냐"고 다그치자 "맞았어, 맞았어…."라고 중얼거렸다. 사마왕, 즉 백제 25대 무령왕(재위 501~523)이 죽은 지 1,500년 만에 다시 세상에 모습을 드러내는 순간이었다.

대한민국 고고학 발굴사에서 최대 사건으로 불리는 무령왕릉 발견은 실로 우연한 기회에 찾아왔다. 1971년 6월 29일, 장마를 앞두고 공주시 송산리 고분군에서 배수로 공사가 시작됐다. 송산리 고분군은 백제 왕족의 무덤이 모여 있는 곳으로 알려졌지만, 일제강점기 도굴을 당해 텅 빈 상태였다. 이런 장소에서 완벽하게 보존된 왕릉을 찾은 것이다. 누구도 상상하지 못한 일이었다.

7월 9일 6호 무덤에서 북쪽으로 3m쯤 떨어진 지점을 파던 인부들이 땅속에서 벽돌을 발견한다. 현장에 있던 김영배 공주박물관

무령왕릉 입구
사진 국립문화재연구소

무령왕릉 통로 입구에서 마치 침입자에게 경고라도
하듯 밖을 향해 노려보고 있는 석수.

장은 고분임을 직감했다. 이틀 뒤 곧바로 김원룡 관장을 단장으로
한 조사단이 현장에 급파되고 발굴조사도 시작됐다. 첫날은 느닷
없이 소나기가 쏟아져 작업을 중단해야 했다. 이를 두고 유언비어
가 떠돌자 이튿날 아침 위령제도 올렸다. 이런 발굴은 처음이라 현
장은 이미 기자들과 구경꾼들이 몰려 역사적 발굴 장면을 서로 먼
저 들여다보기 위해 아수라장이 돼 있었다.

　조사단은 흥분과 긴장 속에 입구를 막은 벽돌을 걷어냈다. 통로
입구에서 제일 먼저 바깥쪽을 향해 서 있는 돌짐승과 마주쳤다. 짐
승은 마치 경고라도 하듯 침입자를 노려보고 있었다. 내부로 들어
가자 널브러진 항아리들, 장구한 시간에 무너진 관곽 파편들, 그

무령왕릉 내부　　　　무령왕릉 내부에 관 파편과 항아리가 어지럽게 널브러져 있다.
사진 국립문화재연구소

사이사이로 금빛 유물들이 시야에 들어왔다.

　내부 조사는 철야 작업으로 마쳤다. 벽돌 바닥과 틈새로 빽빽이 비집고 나온 나무뿌리에 유물들이 뒤엉켜 한 치 밑을 분간할 수 없는 상태였다. 유물은 큰 것만 대충 수습하고 나머지는 큰 삽으로 무덤 바닥에서부터 풀 뿌리째 훑어내 자루에 쓸어 담았다. 여러 달이 걸려야 하는 세심한 작업을 10시간여 만에 후딱 해치우고 말았던 것이다. 애초엔 무덤을 폐쇄하고 신중히 조사할 예정이었다. 하지만 현장 여건이 따라주지 않았다. 기자들 간에 취재 경쟁이 과열되면서 청동 숟가락이 부러지는 사건이 발생했고 구경꾼도 쇄도하여 조사단은 쫓기듯 발굴 작업을 끝낼 수밖에 없었다. 이 역사적 유물발굴은 커다란 오점을 남겼다.

무령왕릉 석수
국보 제162호, 백제시대
국립공주박물관

　무령왕릉 발굴 후 윤주영 문화공보부 장관과 김원룡 발굴단장
은 수습된 금제 유물을 당시 박정희 대통령에게 보여주기 위해 청
와대에 들고 갔다. 박 전 대통령은 왕비 팔지를 들고 "이게 순금이
냐"며 손으로 휘어보았다. 회고록에서 김 단장은 "가슴이 철렁했
다"고 떠올렸다.

　발굴자 사이에선 큰 무덤을 파면 액운이 닥친다는 속설이 회자
된다. 김 단장도 빚에 몰려 이듬해 집도 처분하게 되고, 무령왕릉
에 가다가 교통사고까지 나자 연구실 책상머리에 부적 겸 유서를
써 붙여놓았다. 세기적 발굴 사건은 숱한 비화도 낳았던 것이다.

　무령왕릉에서 출토된 유물은 108종 3,000여 점에 달한다. 이 중
가장 중요한 유물은 왕과 왕비 신분을 알려주는 지석誌石 두 점이다.
왕의 지석은 앞면에 왕 이름과 사망일, 개장일 등 총 53자가 기록돼
있고 뒷면에는 12간지 9자와 불교의 수행 단계인 10지地 중 8지를

담았다. 왕비의 지석에는 앞면에 왕비 사망일과 개장일 등 41자와 뒷면에 땅을 사서 왕의 묘를 만든다는 내용의 57자를 표기했다.

내용을 보면 왕의 것에는 "사마왕은 62세로 523년 5월 7일 돌아가셔서 525년 8월 12일 개장하고 대묘에 모셨다"고 명기돼 있다. 왕비 지석은 1년 뒤 왕비도 사망했다고 밝히고 있다. 또한 "돈 1만 문을 가지고 525년 8월 12일에 사마왕이 토왕, 지백支佰, 토부모土父母, 지하의 여러 관리와 지방 장관에게 땅을 사서 무덤을 쓴다"고 기술하고 있다. 무령왕이 죽은 후 2년 3개월 동안 가매장했다가 정식으로 왕릉에 모셨고, 왕비 역시 죽은 뒤 2년 3개월 가매장했다가 무령왕릉에 함께 모셨음을 지석을 통해 확인할 수 있다. 백제 왕족 장례 풍속을 분명하게 알 수 있는 기록이다.

무령왕릉은 백제는 물론 중국 남조, 일본의 기술까지 동원된 동양 삼국 문화의 집결체였다. 백제 무덤은 '돌무지무덤(석곽 위에 돌을 쌓은 무덤)'에서 '굴식돌방무덤(방과 문이 있는 무덤)'으로 변해갔지

무령왕 금귀걸이
국보 제156호, 백제시대, 국립공주박물관

무령왕릉 지석
국보 제163호, 백제시대, 국립공주박물관

지석에는 무덤 주인공의 사망일, 나이 등이 새겨져 있다.

만 무령왕릉은 중국 남조 양나라 영향을 받아 벽돌을 쌓아 무덤방을 만든 형식이다. 또한, 무령왕과 왕비의 시신을 담고 있는 관은 일본 열도 남부에서 자생하는 금송 재질로 만들어졌다.

무령왕은 탄생에서 즉위까지 지난한 과정을 겪었다.《삼국사기三國史記》는 "무령왕 이름이 사마이니, 무대왕(동성왕·재위 479~501)의 둘째 아들이다. 키가 8척이고 눈썹과 눈이 그림과 같았으며 인자하고 관대하여 민심이 그를 따랐다"고 썼다. 이와 다르게《일본서기日本書紀》는 당시 백제 역사서인《백제신찬百濟新撰》을 인용하면서 "무령왕은 사마왕이라고도 하며 곤지왕(?~477)의 아들이다. 말다왕(동성왕)의 배다른 형이다"라고 기술한다. 이어 "461년 4월 백제 21대 개로왕(재위 455~475)이 우호를 다지기 위해 아우 곤지를 자신의 임신한 부인과 함께 왜국으로 파견하였고, 6월 임신한 부인이 축자도(일본 규슈 북쪽 가카라시마)에 이르러 무령왕을 낳았다. (아이는) 섬에서 돌려보냈다"고 했다. 일본어로 '시마'는 섬이다. 무령왕의 원래 이름 '사마'가 시마, 즉 섬에서 유래했다고 전하는 것이다.

《일본서기日本書紀》 기록에서 무령왕은 개로왕의 아들인지, 곤지의 아들인지 모호하다. 무령왕은 개로왕이 고구려에 의해 살해된 후 22대 문주왕(개로왕 맏아들), 23대 삼근왕(문주왕 맏아들), 24대 동성왕(곤지의 아들로 왜에서 출생하고 성장) 등 세 명의 왕을 거쳐 41세 늦은 나이에 간신히 왕위에 오르게 된다.

《삼국사기》는 좌평 백가(?~502)가 사람을 시켜 동성왕을 살해했다고 말하지만, 다른 한편에서 무령왕 세력이 시해했을 것이라는 분석도 제기된다. 유교적 질서를 강조했던 김부식(1075~1151)이 《삼국사기》를 집필하며 무령왕의 성공한 쿠데타를 의도적으로 배제했다는 해석이다.

무령왕은 군사력을 강화해 고구려의 남침을 저지했다. 중국 양나라와 우방으로서 국제관계를 유지했으며 신라와도 선린관계를 형성했고, 왜에는 다섯 경서에 능통한 오경박사를 보내 선진 문화를 전수했다. 내부적으로도 굶주린 백성들을 구제하고 하천의 제방을 대대적으로 정비해 민생 안정에도 주력했다. 그는 무력으로 정권을 차지했지만 공주 백제시대를 공고히 한 뛰어난 군주였던 것이다.

사라질 위기에 처한 '국보의 맏형'

반구대 암각화

크리스마스 이브였던 1970년 12월 24일은 유난히도 추웠다. 국내 불교 조각의 권위자 문명대 동국대 교수는 혹한 속에서 울주군 언양면 대곡리 계곡의 반고사磻高寺 터를 살펴보고 있었다. 일연 (1206~1289)이 쓴 《삼국유사三國遺事》에 의하면, 신라 불교 대중화의 주역 원효대사(617~686)는 반고사에 머물면서 《초장관문初章觀文》, 《안신사심론安身事心論》 등을 집필했다. 그 흔적을 찾기 위한 반고사지 탐사는 1968년 9월부터 3년간 이어졌던 '울산지역 불교유적 조사'의 마지막 일정이었다.

태화강 상류의 대곡리 계곡에는 반구대盤龜臺가 있다. 반구대는 거북이가 엎드린 형상이라는 뜻이다. 이곳은 기암괴석의 명승지로, 포은 정몽주(1337~1392), 회재 이언적(1491~1553), 한강 정구 (1543~1620) 등 고려·조선시대 문인들이 찾아 많은 명시를 남겼다. 겸재 정선(1676~1759)은 반구대 산수화도 그렸다. 경주에서 불과 20여㎞ 거리여서 신라의 왕족과 화랑, 승려들도 계곡을 방문해 심신을 수련했고 바위 등에 수많은 명문을 조각했다. 신라사와 화랑 연구에 중요 자료를 제공하는 관직명, 인명, 기마행렬도, 토용(흙으로 빚어 만든 사람 모양의 기물)이 남아 있다.

문 교수는 이날 조사에서 뜻하지 않은 대행운을 건진다. 반구대에서 대곡천을 따라 1.5㎞가량 상류로 거슬러 올라간 지점의 절벽에서 이끼에 덮인 희미한 그림을 발견한 것이다. 이 절벽에서는 각종 인물상과 동물상, 기하학적 무늬가 확인됐다. 바로 천전리 각석(국보 제147호)이었다.

문 교수는 주민들에게 더욱 놀라운 얘기를 듣게 된다. 하류로 가면 호랑이 그림도 있다는 것이다. 이듬해 12월 25일 그는 김정배 고려대 교수, 이융조 충북대 교수와 함께 배를 타고 반구대에서 1㎞쯤 밑으로 내려갔다. 사연 댐 초입으로 접어들었을 즈음, 오른쪽 절벽에, 놀랍게도 발가벗고 손을 들고 춤을 추는 나체의 사람과 거북, 물고기 그림이 그의 시야에 선명하게 들어왔다. 오늘날 반구대 암각화로 잘 알려진 대곡리 반구대 암각화(국보 제285호)가 세상에 모습을 드러내는 순간이었다.

울산 반구대 암각화는 천전리 각석과 대곡리 암각화 모두를 합쳐 이른다. 바위에 문양을 새긴 기법과 내용은 유사하지만, 사실적 묘사나 규모 면에서 대곡리 암각화가 천전리 각석을 압도한다. 대곡리 암각화를 다년간 연구한 변영섭 고려대 교수는 문화재청장 재직 시 늘 "대곡리 암각화는 국보의 만형"이라고 말하고 다녔다.

대곡리 암각화의 크기는 넓이 10m, 높이 4m이다. 절벽의 윗부분이 처마처럼 튀어나와 비에 젖지 않는 구조여서 장구한 세월 속에서도 잘 보존됐다. 전 세계적으로 암각화는 북방 문화권의 유적이다. 따라서 학계에서는 우리 민족의 기원과 이동을 알려주는 중요한 자료로 반구대 암각화를 이해한다.

암각화는 말 그대로 바위 그림이다. 선사시대 거대한 바위는 신성한 장소였다. 선사인들은 자신의 희망이 이루어지기를 기원하는 마음으로 성스러운 장소에 그림을 새겼고 이것이 암각화로 남은 것이다. 대곡리 절벽에는 다양한 동물상, 사냥 무기와 악기 등 각종 도구, 인물, 기호가 새겨져 있다. 선사인들은 사냥감인 고래나 사슴 등이 풍성하기를, 사냥활동이 원활하게 이루어지기를 간절히 소망했다. 유적에서 확인되는 그림은 모두 307점이며, 이 가운데 동물상이 전체 그림에서 169점(55%)으로 가장 많은 비중을 차지한다. 동물 그림 중 고래 그림은 모두 53점이다. 전 세계 암각화 중에서 가장 많은 종류의 고래가 그려져 있다. 북방긴수염고래, 혹등고래, 참고래, 귀신고래, 향유고래 등 다양한 종류의 고래가 등장한다. 새끼를 배거나 데리고 다니는 고래, 배와 작살, 그물을 이용해 고래를 잡는 포경 장면 등도 사실적으로 묘사돼 있다. 이 역시 세계에서 유례를 찾기 힘들다.

고래 그림은 암각화 주변의 동시대 자연환경을 반영한다. 암각화가 제작되던 선사시대 울산만은 바닷물이 태화강 중류까지 들어와 300m에 달하는 내만內灣이 형성돼 있었던 것으로 밝혀졌다. 먹이를 따라 혹은 안식을 위해 이곳에 고래가 들어오면, 선사인들이

일제강점기 포경 모습
사진 수원광교박물관

일본인들이 동해안에서 고래를 잡아 해체하고 있다. 울산 등 동해안에는 고대부터 고래가 흔했다.

고래를 수심 얕은 곳으로 몰아 좌초시켜 포획했을 것으로 추정된다.

암각화에서는 고래를 포함해 바다거북, 바다새, 물고기, 물개로 추정되는 기각류, 상어 등 바다 동물과 붉은사슴, 대륙사슴, 사향노루, 고라니, 산양, 호랑이, 표범, 멧돼지, 너구리, 늑대, 여우, 산토끼 등 최소 23종의 육지 동물이 확인된다. 고래 그림에서와 마찬가지로 함정에 빠진 호랑이 모습, 새끼를 밴 호랑이, 교미하는 멧돼지, 새끼를 거느리거나 밴 사슴 등을 세밀하고 생동감 있게 표현했다. 인물상은 14점이며 벌거벗은 몸에 과장된 남근을 지니고 있거나 가면처럼 얼굴만 있기도 하고, 긴 막대기를 불고 있는 인물도

있다. 그 밖에 의식용·생활용 도구 그림 등도 엿볼 수 있는 암각화
는 그야말로 경제와 생산, 식생활과 종교의식 등 당대 문화의 총체
적 상징물인 것이다.

　제작 기법은 쪼기, 갈기, 긋기, 돌려 파기 등이 사용됐으며 대체
로 정교하다. 이는 시베리아 암각화의 전통을 보여준다. 김원룡 전
서울대 교수는 금속징과 망치가 이용됐을 것으로 추정했지만, 정밀
조사 결과 금속도구를 사용한 흔적은 발견되지 않았다.

　제작 시기와 관련해서는 신석기 중기 이후부터 청동기 전반기

대곡리 반구대 암각화 3차원 실측도
사진 국립문화재연구소

암각화에는 새끼와 유영하는 어미 고래, 포경 장면,
새끼 밴 사슴 등이 세밀하고 생동감 넘치게 표현됐다.

(기원전 6000~기원전 1500)까지 순차적으로 조각되었을 것으로 의견이 일치한다. 울산 황성동의 작살 박힌 고래 뼈, 부산 동삼동 패총 사슴무늬 토기, 그물무늬 토기, 조개 가면, 양양 오산리 얼굴상, 통영 욕지도 패총 멧돼지 토우, 울산 신암리 여인상, 울산 세죽리 패총 물개 토우 등 대곡리 암각화의 주제와 연관된 유물의 시대가 신석기인 것이 그 증거로 제시된다. 울산만의 고환경 연구에서도 동일한 결론이 도출되고 있다.

대곡리 암각화는 현재 큰 위기에 직면했다. 암각화가 발견되기 6년 전인 1965년 12월, 암각화 하류에 울산지역 식수와 공업용수를 공급할 목적의 사연 댐이 건설된다. 그로부터 우수기, 갈수기 댐의 수위에 따라 암각화가 수중에 잠겼다가 노출되는 일이 반복되면서 빠르게 훼손됐다. 5,000년 이상을 굳건했던 암각화가 겨우 수십 년 만에 사라질 위기에 처한 것이다. 그래서 좀 더 빨리 암각화를 찾아냈더라면 하는 아쉬움이 크다. 사연 댐의 수위를 낮춰야 하지만 용수 문제를 놓고 울산시와 주변 지자체가 다투고 있어 사태 해결은 요원하다.

세계에 암각화 유적이 다수 존재하지만 반구대 암각화처럼 수많은 동물을, 종을 구분할 수 있을 정도로 상세히 표현한 것은 없다. 또한 인류 최초의 고래 사냥 자취이자 북태평양의 독특한 해양 문화 유적이다. 암각화는 지역과 국가를 넘어 세계의 유산인 것이다. 이 찬란한 인류의 유산이 파괴되도록 놔둬서는 안 된다.

울주 대곡리 반구대 암각화
국보 제285호, 선사시대, 사진 국립문화재연구소

우수기, 갈수기 사연 댐의 수위에 따라
잠기고 드러나는 일이 되풀이되면서
5,000년 이상을 굳건히 버텨왔던 반구
대 암각화가 불과 수십 년 만에 심각하게
훼손됐다.

우물 속에 내던져진 왕의 분신

금동대향로

신라 24대 진흥왕(재위 540~576)은 20세 되던 553년 7월에 백제 동북 변방(한강 일원 추정)을 공격해 신라의 영토로 편입시킨다. 새 연호 '개국開國'의 공표와 함께 친정親政(임금이 직접 나라의 정사를 돌봄)을 시작한 지 2년 만의 일이다.

진흥왕은 그곳에 지방행정구역 신주新州를 설치하고 아찬 김무력(김유신 조부)을 고을의 수령인 태수로 삼았다. 갑작스러운 신라의 공격에 당황한 백제 성왕(재위 523~554)은 그해 10월 자신의 딸을 진흥왕과 혼인시켜 국가적 위기 상황의 돌파구를 모색했다. 이미 왕비가 있었던 진흥왕은 성왕의 딸을 작은 부인으로 삼았다. 성왕은 굴욕을 감수하면서 아끼는 딸까지 바쳤지만, 그 대가는 처절한 배신이었다. 사위가 된 진흥왕이 끝내 빼앗은 땅을 되돌려주지 않았던 것이다.

성왕은 강력한 왕권으로 백제의 전성기를 이끌었던 인물이다. 《삼국사기》에는 그에 대해 "영민하고 비범하며 결단력이 있다"고 했고, 《일본서기》도 "천도와 지리에 통달해 그 이름이 사방에 퍼졌다"고 적고 있다. 성왕은 웅진시대의 정치적 불안정을 종식하기 위해

도읍을 과감히 사비(부여)로 옮기며 내외 관제를 정비해 지배체제와 통치 질서를 확립했다. 548년(성왕 26) 1월 고구려가 독산성(오산)에 쳐들어왔을 때는 신라의 지원을 받아 크게 이긴 일도 있었다.

진흥왕은 그런 성왕의 뒤통수를 쳤던 것이다. 혼인동맹도 성과가 없자 분노한 백제의 태자 창이 554년 신라의 관산성(충북 옥천)을 공격했다. 하지만 오히려 신라군의 급습을 받아 곤경에 처하게 된다. 그 소식을 들은 성왕은 태자를 구하기 위해 몸소 보병·기병 50명을 거느리고 밤에 구천狗川(옥천)에 이르렀다. 관산성의 군주인 각간 우덕于德과 이찬 탐지耽知가 성왕을 막았지만 이겨내지 못했다. 이에 김무력(518~579)이 군대를 이끌고 지원에 나서 백제군을 대파했다. 혼란한 전투 끝에 삼년산三年山(충북 보은)의 고간도도高干都刀라는 비장이 성왕을 죽였다고 《삼국사기》는 기술한다. 태자는 가까스로 달아나 죽은 아버지를 대신해 왕위에 올랐고, 그가 바로 27대 위덕왕(재위 554~598)이다.

이후 1,400여 년의 세월이 흐른 1993년 12월, 부여시 능산리 고분군에서 주차장을 건설하던 중 놀라운 유물이 우연히 세상에 드러나게 된다. 바로 대한민국 최고의 걸작 국보 중 하나인 백제 금동대향로다. 더러는 이 향로를 국보 제83호 금동미륵보살반가사유상보다 더 높게 평가하기도 한다. 금동대향로는 발견 장소가 분명해 제작 시기를 알 수 있는 반면, 반가사유상은 그러지 못하다는 이유에서다. 백제 대향로는 세계 각국의 유수한 박물관이나 미술관의 무

백제 금동대향로 출토 모습
사진 문화재청

수한 초청에 단 한 번도 응하지 않았다.

　대향로를 수습한 지 얼마 지나지 않은 1995년 10월에는 사리감(탑 안에 사리함을 넣어두는 용기)이 근처 사찰 터에서 출토됐다. "서기 567년 정해년에 창왕(위덕왕)의 남매인 공주가 사리를 봉안했다"는 명문이 새겨진 사리감이었다. 이를 통해 능산리에 고분과 함께 대규모 사찰이 있었다는 사실을 알게 되었고, 이와 더불어 대향로의 연대도 밝혀졌다.

　그런데 대향로가 나온 곳은 뜻밖에도 이 사찰의 공방지 나무 물통

백제 금동대향로
국보 제287호
백제시대(6~7세기)
국립부여박물관

백제의 높은 금속공예 기술 수준을 보여
주는 백제 금동대향로의 화려한 모습.
1993년 부여 능산리 고분군과 부여 나성
사이에 위치한 백제시대 절터 유적에서
출토됐다.

부여 능산리사지 석조사리감
국보 제288호, 백제시대(567년), 국립부여박물관

사리를 모신 때와 공양자, 절이 세워진 연대를 알 수
있는 글자가 새겨져 있다. 이로 미루어 볼 때 지금은
사라진 이곳의 절이 능산리 고분군에 축원을 빌기 위
해 왕실에서 지은 국가 사찰이었을 것으로 짐작된다.

속이었다. 향로가 물통 속에 감춰져야 했던 이유는 무엇이었을까.

위덕왕의 아버지 성왕은 귀족 회의체의 정치적 발언권을 약화
시켜 왕권 중심의 정치체제를 확립하려고 노력했던 왕이다. 관산
성 싸움도 전쟁을 반대하는 귀족을 억누르고 벌였던 전투였다. 이
전투에서 백제는 왕을 비롯해 네 명의 좌평이 전사했고 3만 명의
군사를 잃었다. 이런 상황에서 아버지를 사지로 불러들여 죽게 한
태자가 왕위를 물려받았으니, 귀족의 목소리가 커질 수밖에 없었
고 정치체제 또한 귀족 중심으로 전환됐다. 설상가상 즉위 원년에
고구려 대군이 웅천성(공주)을 침공해왔다. 신라와의 극한 대립 속

에서 고구려의 압박까지 가중되면서 백제사회는 크게 동요한다. 왕실의 권위를 다시 세우는 동시에 국가의 위기를 극복해야 한다는 막중한 책임이 위덕왕을 압박했다.

돌파구가 필요했던 위덕왕은 절대왕권을 가졌던 성왕에 대한 추모사업을 가장 우선적으로 추진했다. 성왕의 권위와 위업을 후광으로 삼아 정치적 기반을 재구축하고자 했던 것이다. 그 중심에 선왕의 명복을 비는 왕실 원찰願刹(죽은 사람의 명복을 빌기 위한 절) 건립이 있었다.

성왕의 무덤은 부여 능산리 고분군에 있다고 여겨진다. 그리고 사리감 등을 통해 고분군 옆에는 사찰이 있었음을 알 수 있다. 그 사찰은 성왕의 무덤 관리와 제사 등 의례를 행하기 위해 지어졌을 것이다. 절터와 사비왕궁 사이에서 목제 다리와 도로 등도 발견됐다. 다리의 너비는 6m가 넘고 수차례 보수한 흔적도 있다. 위덕왕이 이곳을 얼마나 빈번하게 드나들었는지 짐작이 가고도 남는다.

이 절터에서 찾아낸 대향로는 동아시아에서 가장 크고 화려하다. 향로에는 아름다우면서도 정교하기 이를 데 없는 160여 개 형상이 빈틈없이 조각돼 있다. 전체적으로 앞발을 치켜든 용 한 마리가 막 피어날 듯한 연꽃 봉오리를 물고 있는 모습이며, 꼭대기에는 날개를 활짝 편 봉황이 우뚝 서 있다. 향로 뚜껑은 불로장생의 신선들이 살고 있다는 삼신산을 표현했는데 신선으로 보이는 각종 인물과 신조神鳥(신령한 새) · 신수神獸(신령스러운 짐승), 호랑이, 사슴,

일제강점기의 부여 능산리 고분군 모습
사진 국립중앙박물관

이곳은 백제 왕족들의 무덤으로 알려져 있다.

코끼리, 바위, 폭포, 물가 풍경이 실감나게 묘사돼 있다. 서로 다른
생명체가 공존하는 낙원의 모습을 향로에 담아 백제의 영원불멸을
간절히 염원한 것이다.

　당연히 향로 제작에는 백제 최고의 장인들이 동원됐고, 위덕왕
사후에도 향로는 '성왕의 분신'인 동시에 백제 왕실을 지켜주는 상
징물로 여겨졌을 게 분명하다. 660년 나당연합군의 공격으로 백제
멸망이 임박해오자 대향로의 중요성을 잘 알고 있던 승려들은 향
로를 지키기 위해 허둥대며 감출 곳을 찾았을 것이다. 그리고 물통
을 발견했을 것이다. 향로는 물속에서 공기와 접촉 없이 보관된 덕
분에 오랜 세월이 지나도록 당시의 모습을 그대로 간직하고 있다.

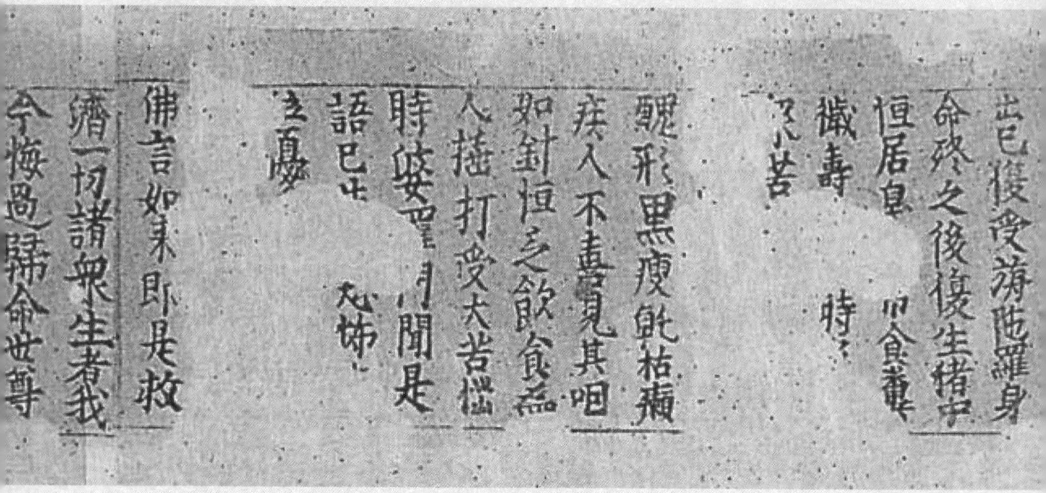

苦已復受捺胝羅身
命終之後後生猪中
恒居臭處 食糞
穢壽 時
又不苦

醜形黑瘦皰枯癩
疾人不喜見其咽
如針恒之飲食益
人揣打受大苦惱
時婆羅門聞是
語已生怖
之憂
佛言如來即是救
濟一切諸衆生者我
今悔過歸命世尊

도굴범 쫓다 발견한 세계 최고_{最古}의 인쇄물

무구정광대다라니경

1966년 9월 3일, 도굴범들이 야음을 틈타 경주 불국사 경내에 잠입했다. 이들이 노린 것은 불국사 3층 석탑(석가탑·국보 제21호)의 사리함이었다. 카센터에서 들고 온 지렛대를 이용해 강제로 탑을 들어 올렸지만 사리함을 찾아내지 못했다. 간 큰 도둑들은 이틀 뒤인 5일 밤에 또다시 불국사로 와 도굴을 시도했다. 역시 사리함을 빼내지는 못했다. 두 번의 도굴 시도로 탑에 큰 흠집이 생겼고 1층 옥개석(지붕돌), 2층 탑신(몸체), 3층 옥개석 위치가 뒤틀렸다.

경주에 기반을 둔 도굴범의 범행 전모는 엉뚱한 데서 발각된다. 경찰은 경주 남산사지 순금불상 절도 사건을 조사하던 중 이 범인들이 석가탑도 도굴하려고 했다는 사실을 추가로 확인했다. 늘 승려들이 머물고, 관광객도 드나드는 곳에서 국보를 훔치려 했다는 사실에 모두들 경악을 금치 못했다. 수사 결과 범인들이 삼성그룹 창업주 친형인 이병각 전 삼강유지 회장의 사주를 받은 것으로 밝혀져 사회적 물의를 일으켰다.

문화재위원회는 즉각 조사단을 꾸려 훼손 정도를 파악해 해체 수리를 결정했다. 10월 14일 해체 작업 도중 버팀목이 부러지면서

1966년 불국사 3층 석탑 해체 조사 장면
사진 한국학중앙연구원

조사단은 석가탑 2층 탑신 내부에서 세계에서 가장 오래된 목판인쇄물인 무구정광대다라니경을 발견하는 기념비적 성과를 올린다.

2층 옥개석이 땅으로 떨어졌고, 바닥에 놓여 있던 3층 탑신과 옥개석이 부서졌다. 석탑 해체는 중단됐다.

그러나 2층 탑신 내부가 드러나면서 놀라운 일이 일어났다. 탑신석 중앙에서 가로·세로 41㎝, 깊이 19㎝ 크기의 사리공舍利孔(사리를 모시기 위한 공간)이 나타났고 그 안에서 사리외함 등 각종 공양품이 나온 것이다. 사리공 중심에 금동제 사리외함이, 남쪽에는 동경, 서쪽에는 비천상, 북쪽에는 소량의 목제 소탑, 사리외함 바닥에서

**일제강점기 초 불국사 3층 석탑의
위태로운 모습**
《조선고적도보》(1916)

여러 겹의 묵서지편墨書紙片, 그 밖에 금박편, 수정옥, 관옥 등이 있
었다. 한데 엉켜 응고된 상태의 묵서지편은 1997년에야 조사가 이
뤄져 보협인다라니경 일부, 1024년(고려 현종 15)의 불국사 무구정
광탑중수기, 1038년(고려 정종 4)의 불국사 서석탑중수형지기, 불국
사 탑중수보시명공중승소명기(보시명단)임이 밝혀졌다.

　1966년 조사의 최대 성과는 무구정광대다라니경의 발견이었
다. 다라니경은 비단으로 싸이고 실로 묶인 상태로 금동제 사리외
함 속의 금동방형사리합 위에 얹혀 있었다. 석가탑 다라니경은 너
비 약 8㎝, 길이 약 620㎝의 종이에 1행 8~9자를 적은 다라니 경
문으로, 두루마리 형식으로 봉안됐다.

무구정광대다라니경(복제품)
국보 제126호, 통일신라시대(8세기), 사진 국립청주박물관

무구정광대다라니경은 '깨끗하고 빛나는 큰 주문'이라는 뜻이다.

다라니경은 《삼국유사》〈사중기寺中記〉에 "751년(경덕왕 10) 불국사를 짓기 시작했다"는 내용을 근거로 세계 최고最古의 목판 인쇄물로 판명나면서 큰 화제를 불러일으켰다. 공양품은 건축물의 건립 초에 안치하는 특성상 다라니경이 751년에 봉안됐을 것으로 추측됐다. 당시 가장 오래된 목판 인쇄물은 770년에 새겨진 일본의 백만탑다라니경이었다. 석가탑 다라니경이 일본보다 20년 앞섰던 것이다. 서체도 석가탑 다라니경이 훨씬 뛰어나 더욱 가치가 높았다. 조사에서는 총 40점의 유물이 수습됐고 이듬해인 1967년 9월 다라니경을 포함해 28점이 국보 제126호로 일괄 지정됐다.

무구정광대다라니경 중 '무구정광無垢淨光'은 '티끌조차 없는 깨끗한 빛'을 뜻하며 '다라니陀羅尼'는 산스크리트어로 '재앙과 악업을 소멸시키는 신비한 주문'을 의미한다. 종합해 '깨끗하고 환히 빛나는 큰 주문에 대한 경전'인 것이다. 704년(당나라 장안 4) 도화라국(아프가니스탄 북부의 고대국가)의 승려 미타산彌陀山이 다라니경을 한문으로 번역해 대장경에 편입했다.

탑의 주요 봉안물인 사리는 크게 신身사리와 법法사리로 나뉜다. 신사리는 부처의 진신사리(불사리)를, 법사리는 부처의 고귀한 정신이 깃든 불경을 의미한다. 탑은 불교의 창시자인 석가모니를 숭배하는 구조물인 만큼, 탑에는 진신사리를 안치하는 게 원칙이다. 석가모니가 열반했을 때 팔곡사두(8말 4되)에 달하는 엄청난 진신사리가 쏟아졌다고 한다. 하지만 인도에서 출발한 불교가 동남아시아를 거쳐 중국, 한국 등 동아시아 전체에서 성행하면서 탑에 안치할 불사리의 수량은 절대적으로 부족했다.

불교가 비교적 이른 시기에 전파된 동남아의 소승불교 권역에서는 진신사리 신앙이 자리잡았지만, 후대에 불교를 믿게 된 중국 및 그 주변의 대승불교 지역에서는 불사리 대신 불경을 탑에 모시는 법사리 신앙이 형성된다. 탑에 모시는 불경은 특별히 조탑경造塔經이라고 한다. 다라니경과 조탑공덕경, 보협인다라니경 등이 대표적인 조탑경이다. 다라니경은 여섯 개의 다라니(주문)로 구성되며 이를 탑속에 봉안함으로써 생기는 멸죄연수滅罪延壽(죄를 씻고 수명을 연장함) 등의 공덕을 설명한다. 다라니경을 안치한 탑은 '무구정광탑'이라고 한다.

다라니경은 신라 승려 명효가 706년(성덕왕 5) 귀국하면서 국내에도 전파된다. 경주 황복사 3층 석탑에서 나온 사리함의 명문에 "706년 불사리 등과 함께 다라니경 한 권을 추가로 봉안했다"고 기록돼 있다.

1997년 묵서지편 연구에서 석가탑에 다라니경이 모셔져 있음이 확인됐다. 석가탑에서 수습된 묵서지편 중 하나인 무구정광탑중수기에 "탑이 742년(경덕왕 원년) 건립됐다"고 적혀 있어 무구정광대다라니경의 제작 시기는 더 앞당겨졌다. 묵서지편에 서석탑중수기 (서쪽 서탑인 석가탑이 서석탑에 해당)와 무구정광탑중수기가 함께 있어 원래는 다보탑에 넣었던 무구정광탑중수기를 석가탑에 옮겨다 놓았다는 의견도 있다. 그렇다고 하더라도 석가탑과 다보탑이 동시에 올라갔을 것이기에 조성 시기는 같다고 봐야한다.

일부에서 고려시대 석가탑을 중수하면서 당대 다라니경을 가져와 봉안했다는 주장도 편다. 그러나 무구정광탑은 통일신라 후반기에 크게 성행했으며 고려시대 조성된 탑에서는 다라니경이 출토된 사례가 없다.

더욱이 석가탑 다라니경에는 측천무후則天武后(재위 690~705)가 만들고 보급한 변조문자(무주제자武周制字)가 등장한다. 측천무후는 당나라 고종의 황후로 스스로 제후에 오른 여걸이다. 그녀는 100자 정도의 무주제자를 만들어 사용했고 이 글자들은 금석학에서 시대를 고증하는 중요 자료로 활용된다. 일부 중국 학자들은 석가탑 다라니경이 당나라에서 인쇄됐다고도 말한다. 하지만 종이가 신라 전통 한지인 닥종이며 서체도 통일신라에서 널리 쓰였던 육조체여서 그 주장은 성립되기 어렵다.

무구정광탑은 신라 하대에 널리 유행했다. 이 시기 신라 사회는 귀족들 간 왕위 쟁탈전이 치열하게 벌어져 극도로 혼란했다. 법광사 석탑, 창림사 무구정광탑, 보림사 석탑, 황룡사 9층 목탑, 백성산사탑, 성주사 무구정광탑, 선림원 3층 석탑, 동화사 금당서탑 등이 이때 건립 또는 중창됐다. 새롭게 집권한 세력은 무구정광탑을 세워 권력투쟁에서 희생된 선조의 명복과 국가의 안위를 빌고 이를 통해 왕위 계승의 정당화와 정치적 안정을 꾀하려 했던 것이다.

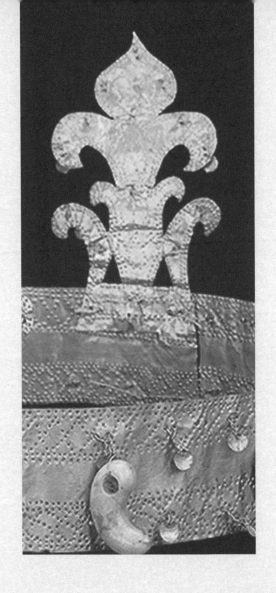

공개조차 꺼렸던 소박한 가야 금관

고령 금관

1963년 대구 현풍읍 유가면의 속칭 '팔장군묘'를 불법으로 파헤친 도굴꾼 일당이 경찰에 일망타진된다. '현풍 도굴사건'으로 알려진 희대의 도굴사건이었다. 범행은 대구의 유명 골동상 세 명이 주도했고 이들은 고분 유물 400여 점을 2년 동안이나 곶감 빼가듯 도둑질해갔다.

　　고령, 성주의 고분도 무차별적으로 도굴됐다. 검찰에 송치된 범인들은 검찰 심문에서 "1961년 10월 고령에서 대가야의 순금관을 파냈다"고 자백했다. 고령 지산동은 대가야의 중심지였고, 대규모 고분군이 있다. 이어 "서울의 장물업자를 통해 이를 110만 원에 이병철 전 삼성그룹 회장에게 팔았다"는 사실도 털어놓았다. 리움 미술관이 소장하고 있는 국보 제138호 고령 금관(대가야 금관)이다.

　　이 금관은 해방 이후 우리 땅에서 나온 최초의 금관이어서 도굴사건이 언론에 대서특필됐다. 주범들은 검거된 후 유죄 판결을 받고 처벌받았지만, 유물을 사들인 이 전 회장은 선의에 의한 취득으로 판결받아 소유권을 인정받았다. 이 전 회장은 세인의 따가운 시선을 의식한 듯 금관을 공개하지 않다가 1971년 4월 국립박물관

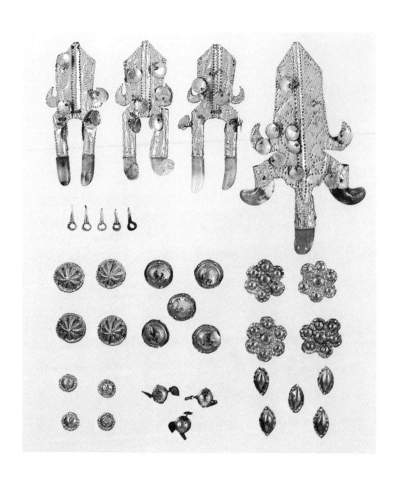

고령 금관 장신구
국보 제138호, 삼국시대, 리움 미술관

대가야 전성기의 왕릉으로 추정되는 고령 지산동
고분군 44호분에서 수습된 고령 금관 부속 장신구.

고령 금관
국보 제138호, 삼국시대, 리움 미술관

소박하면서도 세련된 느낌으로, 화려한
신라 금관과는 또 다른 가야 문화만의
독창성을 보여준다는 평가를 받는다.

(현 국립중앙박물관)에서 호암컬렉션을 전시할 때 첫선을 보였고 금
관은 그해 말 국보로 정식 지정됐다.

이 전 회장은 그의 소장품 중 대가야 금관을 가장 애지중지했
다. 출근하면 가장 먼저 금관이 밤새 안녕했는지 물었다. 종종 금
관을 꺼내 부속 유물을 붙여보며 망중한도 즐겼다.

대가야 금관은 높이 11.5cm, 밑지름 20.7cm로 머리에 두르는 넓
은 띠 위에 네 개의 풀꽃 장식이 꽂혀 있다. 띠에는 아래위로 점을
찍었으며, 원형 금판을 달아 장식했다. 드문드문 굽은 옥이 달려
있지만 이는 출토된 이후에 부착한 것이다. 원형, 은행형, 꽃형 금

판, 곡옥, 금고리, 금제 드리개(수식) 등 부속 금제품도 함께 보관 중인데 금관의 어느 부분에 붙어 있었는지 파악되지 않는다.

금관을 만들었다는 것은 그 나라에 강력한 지배체제가 확립됐다는 것을 뜻한다. 신라에서는 절대적 권위를 부여한 통치자의 시대가 열렸던 5세기 초의 무덤에서 금관이 무더기로 등장했다. 마찬가지로 대가야도 왕권을 강화하면서 금관을 제작하게 되었다. 신라가 나뭇가지와 사슴뿔 형상으로 금관을 장식했다면, 가야에서는 풀잎이나 꽃잎 모양으로 금관을 꾸몄다. 신라의 금관보다 가야의 금관이 소형인 것은 가야가 연맹 체제로 유지돼 왕의 세력이 강하지 않았음을 의미한다. 화려하지 않지만 소박하면서도 세련된 맛은 가야 문화만의 독창성을 보여준다.

가야 금관은 일본에 한 점 더 있다. 도굴 문화재 수집자로 악명 높았던 오구라 다케노스케小倉武之助가 불법 반출해 도쿄 국립박물관에 기증한 창녕 금관이다.

리움의 대가야 금관은 고령 지산동 고분군의 중심에 있는 44호분에서 출토된 것으로 추정된다. 44호분은 높이 7m, 지름 32m 규모다. 수혈식竪穴式(구덩이를 파고 시신을 묻는 묘제) 석실 구조의 전형적인 대가야 왕릉급 무덤이다. 이 고분 주변으로 크고 작은 고분들이 1만 기에 달한다. 이 지역은 대가야 통치의 중심이었을 것이다.

1977년에 진행된 발굴에서 주실을 둘러싸고 있는 순장곽 32기가 드러났다. 우리나라 최대의 다곽 순장묘다. 따라서 44호분은 왕릉이 분명하며 금관의 출처도 44호분이라는 것은 의심할 여지가 없다. 무덤의 조성과 금관의 제작 시기는 대가야 전성기인 5세기 후반으로 본다. 이미 오래전 도굴돼 사람 뼈·말 뼈와 함께 토기 30여 점, 환두대도(자루에 고리가 달린 칼), 화살촉 정도만이 수습됐다. 45호분에서는 금동관이 나왔다. 장식은 금관과 비슷하지만, 재료가 금동이어서 피장자의 신분은 44호분 피장자보다 한 등급 아래였을 것이다.

가야는 여전히 미스터리 국가다. 일제강점기 가야 고고학은《일본서기》의 가야 관련 기록(4~6세기 야마토大和 시대에 일본이 한반도 남부의 임나를 지배했다는 임나일본부설)을 확인하려는 연구 일색이었다. 그러다 보니 광복 후 가야사를 거론하는 것 자체를《일본서기》의 내용을 인정하는 것으로 인식해 국내에서는 가야사를 홀대해왔다.

가야는 서기 42년(《삼국유사》〈가락국기駕洛國記〉기록) 한반도 남쪽 해안에서 시작돼 562년(《삼국사기》〈신라본기新羅本紀〉기록) 내륙에서 마감하기까지 무려 520년간이나 고구려, 백제, 신라 삼국과 어깨를 나란히 하면서 독자적인 정치체제를 유지했다.《삼국유사》의 기록에 근거해 금관가야(김해), 대가야(고령), 아라가야(함안), 소가야(고성), 성산가야(성주), 고령가야(진주) 등 6가야를 단정하지만,《삼국지三國志》,《삼국사기》,《일본서기》등 가야 관련 문헌 기록과 지금까지 출토된 고고 자료를 종합할 때 최소 12개 이상의 나라가 존재했음을 알 수 있다.

고령 지산동 고분군 22호분 발굴
사진 국립중앙박물관

일제강점기 조선인 인부를 동원해 22호분을 발굴하고
있다. 일본은 4~6세기 야마토 시대에 일본이 한반도
남부를 지배했다는 《일본서기》기록의 증거를 찾기 위해
가야 유적 발굴에 혈안이었다.

가야의 명칭도 가야는 물론 가라, 가량, 가락, 구야, 임나 등 다
양하다. 가야국은 각각 다른 이름으로 불렸으며 고구려, 백제, 신
라, 왜 등 주변국에서 칭한 국명도 따로 있었다. 이에 더해 고려,
조선시대를 거치면서 후대에 붙여진 이름들까지 뒤섞여 혼란을 가
중시킨다. 《삼국지》와 《일본서기》에 언급되는 12개의 가야국 이름
에는 금관가야, 대가야, 아라가야와 같은 용어는 없다. 'ㅇㅇ가야'
도 가야 이후 신라·고려의 행정구역명에 '가야'를 붙인 것에 불과

하다. 가야인이 전혀 알지 못하는 국명인 것이다.

가야 각국은 가락국(금관가야), 가라국(대가야), 아라국(아라가야) 처럼 쓰는 것이 맞는다. 임나任那는 《일본서기》가 고대 일본의 가야 지배를 꾸미기 위해 사용한 명칭으로 알고 있지만, 실제로 임나는 존재했다. 광개토대왕릉비문에도 "고구려가 임나의 종발성從拔城을 항복시켰다"고 나온다.

가야사는 서기 400년 고구려 광개토대왕이 가야·왜 연합군에 의해 공격당하던 신라를 구원하기 위해 5만 보기를 파병해 가야를 정벌한 이 사건을 계기로 전·후기가 나뉜다. 전기 가야는 김해의 가락국이, 후기는 고령의 가라국이 중심국이었다. 함안의 아라국 은 전·후기 모두 이들과 어깨를 나란히 할 정도로 세력이 강성했다.

이 중 대가야는 시조 이진아시왕부터 도설지왕까지 16대가 존속 했다고《삼국사기》〈지리지地理志〉는 전한다. 변한의 소국인 반로국 半路國으로 시작해 가라국를 거쳐, 479년 가야로서는 유일하게 중국 의 남제와 외교 관계를 수립하면서 고대국가로 발전한다.

대가야의 세력권은 고령을 중심으로 합천, 거창, 함양, 산청, 의 령, 하동과 전남 동부의 광양, 순천지역, 전북 동부의 남원, 진안, 장수 지역까지 포괄한다. 제철 기술이 번성했으며 고유 음악을 가 야금 곡으로 정리하는 등 높은 문화 수준도 보유했다. 554년 대가 야는 백제와 연합해 신라를 공격했으나 크게 패하고 562년 신라 진흥왕의 침입으로 결국 멸망하고 말았다.

숭례문은 왜 국보 1호인가

임진왜란 때 왜군을 이끌었던 가토 기요마사加藤淸正는 숭례문을 통해 서울에 들어왔고 또 다른 왜군 선봉장 고니시 유키나가小西行長는 흥인지문으로 진입했다. 조선총독부는 1933년 우리나라 국보(당시 명칭 보물)를 효율적으로 관리한다며 일련번호를 부여했는데, 공교롭게도 숭례문(당시 명칭 경성 남대문)을 보물 1호로 흥인지문(동대문)을 보물 2호로 각각 지정한다. 이에 대해 임란 당시 왜군의 한양 입성을 기념하기 위한 속셈이라는 얘기가 파다했다. 일제는 1943년까지 순차적으로 340건의 보물을 지정했다.

모두가 잘 알고 있듯 현재 숭례문은 국보 제1호이고 흥인지문은

국보 제1호 숭례문
일제강점기, 사진 국립중앙박물관

조선총독부는 대로를 건설하면서 숭례문은 놔둔 채
우회해 왼쪽으로 길을 냈다.

보물 제1호다. 흥인지문은 한 등급 아래인 보물이니 그렇다 치더
라도 숭례문은 국보 제1호로서 자격 시비가 끊이지 않는다. 더욱
이 숭례문은 2008년 2월 방화로 불탄 뒤 2013년 5월 새로 지어진
건축물이니 말이다.

  국보란 뭘까. 그 기준은 모호한 편이다. 문화재보호법은 국보를
'보물에 해당하는 문화재 중 인류문화의 견지에서 그 가치가 크고
유례가 드문 것'이라고 규정한다. 보물은 '건조물, 전적, 서적, 고
문서, 회화, 조각, 공예품, 고고 자료, 무구(무기) 등 유형문화재 중
중요한 것'이라고 정의한다. 보물 중 중요한 것이 국보인 것이다.

좀 더 세부적으로 역사적·예술적 가치가 큰 것, 제작 연대가 오래되고 그 시대를 대표하는 것, 제작 의장이나 제작 기법이 우수해 그 유례가 적은 것, 형태·품질·용도가 현저히 특이한 것, 저명한 인물과 관련이 깊거나 그가 제작한 것 등을 제시하지만 역시 주관적이다. 국보는 국가 또는 개인이 신청하면 최종적으로 문화재위원회가 심의를 통해 지정 여부를 결정한다.

국보는 국보 제1호 숭례문을 시작으로 2020년 6월 25일 지정된 국보 제332호 정선 정암사 수마노탑까지 총 332호가 있다. 같은 번호에 여러 건이 있어 수량으로는 345건이다: 제151-1호《조선왕조실록》정족산사고본, 제151-2호《조선왕조실록》태백산사고본, 제151-3호《조선왕조실록》오대산사고본, 제151-4호《조선왕조실록》적상산사고본, 제151-5호《조선왕조실록》봉모당본, 제151-6호《조선왕조실록》낙질·산엽본이 그런 예다.

시대별로는 석기 1건, 청동기 4건, 삼한 1건, 삼국 11건, 고구려 2건, 백제 22건, 신라 25건, 통일신라 63건, 고려 97건, 조선 112건 등이다. 항목은 청자가 50건으로 가장 많고 불경 등 목판본 31건, 석탑 25건, 금동불 23건, 사찰 건축 16건, 석비 13건, 장신구 13건, 백자 12건, 불화 11건, 금관 8건, 승탑 8건, 석불 8건, 금속활자 8건, 선사 유물 7건, 마애불 7건, 청화백자 7건 등이다.

국보는 한국전쟁 직후인 1955년 북한 소재 문화재를 제외하는 수준에서 한 차례 목록이 정비되고 1962년 제정·공포된 문화재보호법에 따라 그 숫자가 추가됐다. 하지만 숭례문으로 시작되는 번호 체계의 기본 틀은 일제강점기의 것에서 크게 벗어나지 못했다. 1996년 이후 역사 바로 세우기 차원에서 국보 1호 교체가 추진됐지만, 문화재위원회 반대에 부딪혀 번번히 무산됐다. 최근에 와서도 화재 사건과 부실 복구를 이유로 숭례문이 국보 1호로서 대표성을 상실했다며 국보 1호 해제 국민 서명운동도 벌어졌다.

국보 제70호《훈민정음 해례본》은 세계에서 가장 독창적이며 과학적인 문자인 훈민정음의 제작 원리를 담은 책이다. 국보 제24호 석굴암도 전 세계 종교 예술사에서 탁월한 업적으로 평가받는다. 일각에서는 이들로 국보 1호를 대체해야 한다고 말한다.

대개 번호가 앞서면 더 중요한 문화재라는 인식을 한다. 전 세계적으로도 우리처럼 문화재에 번호를 매기고 있는 나라는 거의 없다. 중국은 '진귀 문물'과 '일반 문물'로만 분류하고 일본도 각 유물에 행정상 분류 번호를 붙일 뿐 공식적으로는 번호를 쓰지 않는다. 문화재청이 국보 번호를 폐지하기로 결정한 것은 늦었지만 잘된 일이다.

2부

돌아온 국보,
팔려간 국보

일본이 꼭꼭 숨긴 불화를 되찾아오다

고려불화

"이보다 더 화려하고 섬세할 수는 없다."

그 존재가 알려진 게 불과 50년이다. 극히 희귀한 데다 대부분 일본이 갖고 있으면서 꼭꼭 숨겨놓아 여간 접하기 어려운 게 아니다. '한국 미술사의 정수'이자 '동양 회화사의 군계일학'이라는 고려불화를 이르는 말이다.

일본 미술사가 구마가이 노부오熊谷宣夫가 1967년 《조선학보朝鮮學報》에 발표한 논문 〈조선불화징朝鮮佛畵徵〉은 한국 회화사를 새로 쓰게 할 정도로 큰 파장을 일으켰다. 구마가이는 송나라, 원나라 대의 중국 회화로만 알려진 불화 70여 점이 사실은 고려불화였다는 놀라운 사실을 고증을 통해 처음 밝혀냈다.

1978년에는 일본 나라현에 있는 사설 미술관 야마토분카칸大和文華館이 고려불화 50여 점을 한자리에 모아 특별전을 개최하면서 그 실체가 만천하에 드러난다. 당시만 해도 일본은 한국의 문화재에 대한 뿌리 깊은 열등감으로, 좋은 작품일수록 한국 것으로 인정하지 않으려는 분위기가 있었고 고려불화의 존재도 부정하려고 했다. 그래서 일본의 박물관에서, 게다가 고려불화를 제목으로 하는 전시회를 여는 것은 매우 이례적인 일이었다.

국내에서는 고려불화가 있다는 사실을 아는 사람이 전무할 만큼 이해와 정보가 부족했다. 야마토분카칸 특별 전시회를 계기로 국내에서도 자성의 목소리가 일어 1980년대 다양한 루트를 통해 고려불화의 매수가 진행되기 시작한다. 불화 가격은 상상을 초월하는 고가였다. 일본에는 100점이 훨씬 넘는 고려불화가 존재한다는 소문이 떠돌았지만, 불화를 팔려는 사람은 없었다. 고려불화가 그렇게 많이 일본으로 건너갔다는 사실이 알려지면 한국민들의 거센 반일감정을 불러일으킬까 걱정해 극도로 몸을 사렸던 것이다.

문화재 수집광이던 이병철 삼성그룹 회장이 행동에 나섰다. 아미타삼존도와 지장도를 점찍고 삼성물산 미국 지사를 동원해 비밀리에 사들였다. 불화 두 점을 구입하는 데 당시로서는 천문학적 금액인 수천만 달러를 지불했다. 아미타삼존도와 지장도는 1984년 각각 국보 제218호, 보물 제784호로 지정됐다.

이후 국내 학자들에 의해 고려불화가 속속 발굴돼 현재까지 전 세계에서 160점 정도가 확인됐다. 이 중 대부분인 130여 점이 일본의 사찰과 박물관에 소장돼 있고 미국과 유럽 유수의 박물관에 10여 점이 보관돼 있는 것으로 조사됐다. 국내는 리움 미술관을 시작으로 호림박물관, 아모레퍼시픽미술관, 용인대박물관 등 사설 박물관과 개인들이 외국에서 사들여 현재 10여 점을 확보하기에 이르렀다.

고려불화는 고려 말 왜구의 노략질, 임진왜란 중 약탈, 일제강점기하에서의 무단 반출 등으로 일본에 넘어갔다. 그중 일부가 일본을 통해 다시 미국과 유럽으로 팔려나갔다.

고려는 한국사의 황금기이자 문화의 절정기였다. 삼국시대 불교가 탑과 불상 등 건축·조형물 중심으로 발전했다면 고려의 불교는 참선과 수행을 통해 깨달음을 얻는 선종의 유행으로 회화가 발달했다.

고려불화는 13세기 후반부터 14세기 전반까지 원나라 간섭기에 절정을 맞는다. 이 시기 왕실과 친원 세력들이 고려불화의 주요 수요자였다. 고려불화는 폭 80㎝, 높이 150㎝ 정도의 아담한 탱화들이다. 사찰의 법당에 봉안한 게 아니라 왕실이나 귀족들이 가문의 안녕을 바라며 저택 안 작은 원당(예배 공간)을 장식하는 용도였다. 그들은 이를 위해 돈을 아끼지 않았고, 불화의 수준을 획기적으로 끌어올렸다. 물 흐르듯 유려하면서도 힘 있는 선과 세밀하고 원숙한 형태, 호화로운 금니金泥(아교에 갠 금가루), 원색 위주의 화려한 색채 등 고려불화에서 볼 수 있는 고도의 예술적 완성도는 그렇게 만들어졌던 것이다.

고려불화에는 주로 아미타여래도, 수월관음도, 지장보살도를 그렸다. 극락세계를 주관하는 부처 아미타여래는 단독상과 관음보살, 대세지보살을 거느린 삼존도, 8대 보살을 모두 거느린 구존도 등의 유형이 있었다.

가로 51㎝, 세로 110㎝ 크기의 리움 미술관 아미타삼존도는 아미타부처가 대세지보살 대신 지장보살의 보좌를 받는 구도다. 주존인 아미타여래는 '아미타불'을 외치면 나타나 중생을 보살피고 극락으로 인도한다. '여래'는 부처의 별칭이다. 머리의 계주(상투 중앙을 장식한 구슬)에서 한 줄기 빛을 내뿜어 중생을 광명의 세계로 이끈다. 그 옆으로 관음보살과 지장보살이 협시한다. 괴로운 소리를 들어 구제하는 관음보살은 중생을 유도하는 역할을 한다. 이 불화에서 관음보살은 아미타여래 앞에 나와 허리를 약간 구부리고 손 위에 연꽃대좌를 들어 중생을 안내하는 모습이다. 지장보살은 중생의 사후 고통을 해결해주는 보살로, 오른손 위로 커다란 보주를 들고 있다.

좌측 아래에는 기도하는 선재동자가 있다. 선재동자는 화엄경에 나오는 약한 중생을 대표하는 존재인데, 구도자이자 이상적 인간형의 모델로 신봉됐다. 선재동자는 왼쪽 하단에 작게, 부처와 보살은 화면 전반을 꽉 채우는 대소大小 묘사법으로 이상세계를 향하고자 하는 중생의 마음을 가득 담았다. 바탕에는 엄숙한 적색을 써서 장엄함을 드높였고 부처의 옷자락이나 문양에는 화려한 금가루를 입혀 고귀함을 강조했다. 바탕천의 뒷면에 색을 칠해 안료가 앞으로 배어나오게 하는 배채법背彩法은 은은한 채색을 연출해 시공을 뛰어넘는 깊고 오묘한 분위기를 자아낸다.

수월관음도는 달빛이 비치는 보타락가산의 바위에 걸터앉아 있

아미타여래삼존도
국보 제218호
고려시대(14세기), 리움 미술관

극락세계를 주관하는 아미타부처
와 그를 보좌하는 관음보살, 지장
보살을 그린 불화이다. 고도의 회화
적 완성도를 보여주는 고려불화는
한국 미술사의 정수, 동양 회화사의
군계일학으로 평가받는다.

수월관음도
보물 제1426호, 고려시대(14세기)
아모레퍼시픽미술관

수월관음도는 달빛이 비치는 보타락가산의
바위에 걸터앉아 있는 관음보살을 선재동자가
찾아가 맞는 모습으로 묘사된다. 고려불화
중에서도 백미로 꼽힌다.

는 관음보살을 선재동자가 찾아가 맞는 모습으로 묘사된다. 보타락가산은 인도 남쪽에 있는 산으로, 관음보살의 거처이자 관음성지이다. 전형적인 도상으로는 미소 띤 관음보살이 금니 당초무늬로 장식된 천의天衣를 두른 채 반가부좌하며 그 앞쪽에 선재동자가 작게 표현된다. 수월관음도는 고려불화 중에서도 백미로 꼽힌다. 섬세하고 화려하며 우아한 종교적 아름다움과 함께 절제된 격식을 갖춰 고려불화의 특징을 단적으로 보여준다.

지장보살은 부처를 보좌하는 보살이지만 별도의 예배 대상으로 숭배돼 빈번히 그려졌다. 지옥에 빠진 중생이 모두 구제될 때까지 자신은 부처가 되는 것을 포기한 지장보살은 보통 삭발한 스님이나 두건을 쓴 모습으로 묘사된다. 독존상으로 표현되기도 하고, 지장보살 아래에 지옥에서 죽은 자의 죄를 심판하는 시왕十王과 권속들을 배치하기도 한다.

불화로 이름을 떨친 화가는 강화도 선원사의 승려화가 노영, 일본 센소지淺草寺 소장 양류관음도(일명 물방울 관음도)를 그린 승려화가 혜허, 궁정화가였던 서구방, 김우문 등이 있다.

고려불화 중 국보는 국보 제218호 아미타삼존도(리움 미술관 소장)가 유일하다. 수월관음도는 보물 제926호(리움 미술관 소장), 보물 제1286호(용인대박물관 소장), 보물 제1426호(아모레퍼시픽미술관 소장), 보물 제1903호(호림박물관 소장) 등 보물만 있다.

수월관음도
고려시대(14세기 중반)
미국 프리어·새클러 미술관

지장보살도

고려시대(13세기 후반~14세기 전반)
미국 프리어·새클러 미술관

지장보살은 지옥에 빠진 중생이 모두
구제될 때까지 자신이 부처가 되는 것을
포기한 보살이다. 보통 삭발한 승려의
모습으로 묘사된다.

구입가 두 배를 불러도 팔지 않은 최고 청자

고려청자

"아! 불교의 나라 고려가 꿈꾸던 하늘은 이렇게도 청초한 옥색이었던가."

1935년 봄, 서른 즈음의 청년 앞에 구름과 학으로 가득한 청자 한 점이 놓였다. 청년은 청자를 한 바퀴 돌려보더니 고개를 끄덕였다. 청자 주인인 일본인 골동품상이 제시한 가격은 2만 원. 당시 서울 기와집 20채를 살 수 있는, 청자 거래에서 유례없는 거금이었다. 청년은 미소를 띠며 준비한 돈 가방을 내밀었다. 그 청년은 전설의 문화재 수집가 간송 전형필(1906~1962)이었다. 그가 사들인 청자는 우리나라 도자 역사의 최고 걸작인 청자 상감운학문 매병(국보 제68호)이다.

청자 매병은 야마모토라는 한 일본인 도굴꾼이 강화도 무덤에서 훔쳤다. 그가 도굴한 곳은 고려시대 최씨 무신정권 2대 계승자 최우(집권 1219~1249)의 묘로 구전돼 왔다. 최우는 몽골이 재침공하기 전인 1232년 조정을 강화도로 옮겼고 사망한 뒤 강화 고려산에 묻혔다. 매병은 빛깔과 상감기법 등을 볼 때 고려청자 최전성기인 12세기 중반의 것이 확실하다. 최우가 생전에 수집해 애장했다가

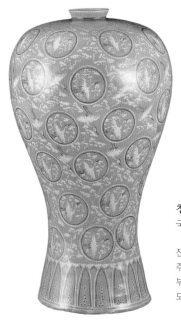

청자 상감운학문 매병
국보 제68호, 고려시대(12세기 중반), 간송미술관

전설의 문화재 수집가 간송 전형필이 경성 기와집 20채 값을
주고 일본인에게서 구입한 청자 매병(매화주를 담는 그릇). 볼록한
부분에 도굴꾼이 탐침봉으로 깨뜨린 흠집이 있기는 하지만 한국
도자사에서 최고의 걸작으로 꼽힌다.

그가 죽으면서 함께 묻힌 것으로 짐작된다.

도굴된 매병은 경성 본정통(충무로)으로 넘어갔다가 대구를 거쳐
경성 대화정(필동) 골동품상 마에다 사이치로 손에 들어갔다. 마에
다는 6,000원에 구입했고 이를 전형필에게 2만 원에 팔았던 것이
다. 매병은 매화주, 꽃을 담던 병이다. 처음 이 청자는 '천학 매병'
이라 불렸다. 학은 총 69마리지만 병을 돌리면 1,000마리 학이 구
름을 뚫고 날아가는 듯했기 때문이다.

후일 소식을 접한 오사카의 대수장가 무라카미가 조선으로 건
너왔다. 무라카미는 청자를 보자마자 구입가의 두 배인 4만 원을

불렀다. 주위에선 귀를 의심하며 침만 삼켰다. 전형필은 "양보할 수 없다"고 거절했다. 의지를 꺾기 힘들다고 느낀 무라카미는 체념했다. 대신 청년 전형필에게 "조선 제일의 수장가가 되라"는 말만 남기고 쓸쓸히 돌아갔다. 국보 제68호는 그렇게 해서 우리 땅에 남았다.

고려청자는 '인간이 만든 보석'이라는 찬사가 아깝지 않다. 초록이 섞인 은은하면서도 투명한 빛깔이 비취옥과 같다고 해서 고려청자 색은 '비색翡色'이라 한다. 이에 더해 미끈하며 유려한 선의 흐름, 꿈틀대듯 생동감 있는 조각, 그리고 회화적이면서도 시적 운치를 극대화한 상감문양 등은 최고의 경지를 뽐낸다.

황홀감마저 자아내는 청자의 푸른색은 사실 푸른 유약을 써서 나오는 게 아니다. 석회질의 유약은 투명색에 가깝다. 흙이나 유약에 함유된 미량의 철분 등 광물질이 불을 만나 절묘하게 반응하면서 탄생하는 것이다. 청자는 우선 철분이 조금 섞인 백토胎土(태토)로 형태를 만들어 700~800℃에서 초벌구이를 한다. 이어, 미량의 철분이 함유된 석회질 유약을 입혀 1,250~1,300℃ 고온에서 환원염還元焰으로 구워낸다. 환원염은 가마 내 산소를 줄여 굽는 것으로, 도자기의 산소를 모두 배출해 흙 속의 금속 성분이 제 색깔을 발현케 하는 방식이다. 반대로 가마 내에 산소가 공급되면 산화염酸化焰이 된다. 산화염으로 구우면 엷은 황색을 띠고 환원염으로 구우면 이른바 비색으로 불리는 옅은 청색이 나타나는 것이다.

청자 사자형뚜껑 향로
국보 제60호, 고려시대(12세기 전반)
국립중앙박물관

청자 모자원숭이모양 연적
국보 제270호, 고려시대(12세기 중반)
간송미술관

　중국에서는 만당晩唐·오대五代의 월주요越州窯 청자와 북송北宋의
여관요汝官窯 청자, 남송南宋의 관요官窯 청자·용천요龍泉窯 청자가 이름
있는 청자다. 하지만 중국 청자는 대체로 색채가 진하고 불투명하
며 모양은 장중하고 명품 청자도 일부 수량에 불과하다.

　우리나라는 통일신라 중반까지 토기(유약 없이 저온 소성하는 그릇)
만을 생산했지만 통일신라 말기부터 자기(유약을 입혀 고온 소성하는
그릇)를 사용하기 시작했다. 9세기 후반~10세기 초 신라 말에 청
자가 확산된 것은 해상왕 장보고(787~846)의 덕이다. 장보고는 중
국 청자를 도입해 자체 생산한 뒤 한반도와 일본에 유통시켰다. 한

청자 투각칠보문뚜껑 향로
국보 제95호, 고려시대(12세기)
국립중앙박물관

황홀감마저 주는 비색의 빛깔에 칼로 깎아낸 듯 정교한
공예기술이 탄성을 자아내게 한다.

반도에서는 지방 호족세력이 확장하면서 청자의 수요가 증가했다. 한국 청자는 청해진과 인접한 양질의 고령토 산지인 전남 강진에서 양산됐다.

11세기 이후에는 벽란도의 대외무역 등으로 부가 축적되고 사치 풍조가 만연하면서 질 좋은 청자 수요가 폭발적으로 늘어난다. 11세기 말까지는 왕실과 관청에서 사용하는 기물을 제작하는 관요가 강진과 부안 일대에 형성되면서 형태, 문양, 굽는 수법이 세련되어졌다. 고려청자 특유의 비색은 11세기를 거쳐 12세기 전반에 정점을 맞는다. 광택이 매우 우아하며 가마에서 구울 때 생기는 자기 표면의 미세 균열도 거의 없는 고품질 순청자가 쏟아졌다. 남송의 태평노인이 각지의 명품을 기록한 《수중금袖中錦》은 "국자감

청자 양각죽절문 병
국보 제169호, 고려시대(12세기), 리움 미술관

고려청자의 기량을 마음껏
뽐낸 일급청자다.

책, 내온서 술, 단계 벼루, 휘주 먹, 낙양 꽃, 건주 차, 고려 비색은
모두 천하제일"이라고 했다. 중국에서 제일 질 좋다는 송나라 청자
대신 고려청자를 명품으로 소개하고 있는 것이다. 고려 인종 때 온
송나라 사신 서긍(1091~1153)의 《고려도경高麗圖經》(1124)도 "제작이
교묘하고 색이 매우 아름답다"고 했다.

12세기 중반 기술은 더욱 진일보한다. 빛깔의 아름다움에 더해
회화적 화려함을 강조한 다양한 기법이 속속 개발됐다. 대표적인 것
이 청자에 문양, 그림을 새겨 그 속에 금 등을 박아 넣는 상감법이다.
또한 철화청자(검은색 안료인 철사로 표면을 바른 청자), 철채청자(산화
철 안료로 문양을 그린 청자), 진사채청자(적색안료인 진사로 문양을 그리

고 환원염으로 구워 선홍색으로 발색된 청자), 화금청자(금으로 채색한 청자) 등도 발전했다. 상감과 진사는 우리의 독창적 기술이다.

12세기 후반 이후부터 몽골 침입에 따른 사회 불안과 경제적 혼란으로 고려청자의 기품이 흐트러진다. 형태가 둔해지고 굽이 커지며 유약 색깔이 어두워지고 문양도 느슨해진다. 조선시대가 열리면서 청자는 투박하면서도 실용적인 형태·문양의 분청사기로 이행한다.

청자는 일제강점기에 빈번하게 도굴되었다. 초대 통감 이토 히로부미伊藤博文(1841~1909)가 청자 수집광이었으며 일본인 관료, 기업인, 학자들도 앞다퉈 청자를 일본으로 빼돌렸다. 평양 부호 김찬영, 대수장가 장택상 등 국내 수장가도 수작 청자를 포함한 수장품을 대거 일본에 처분했다.

청자의 생산량이 방대했던 것은 다행스러운 일이다. 일본이 그렇게 가져가고도 아직 국내에 다수 남았고 지정문화재도 많은 편이다. 국보는 총 25점이고 보물은 총 60점이다.

국보를 수출하는 나라는 없다

조선백자

1963년 5월 1일 국립박물관 미술과장 최순우와 준학예관 정양모에게 문교부 직원의 수출품 감정 의뢰가 들어왔다. 국내 공예품 회사가 미국의 연구소에 보내는 수출품이라는데 156점의 구입가가 2,000달러나 된다는 점을 수상히 여겼던 것이다. 인천 세관에 도착한 최순우와 정양모는 나무상자를 열어보고는 할 말을 잃었다. 상자엔 국보급 조선백자가 빽빽이 담겨 있었다. 미국인 두 명이 인사동을 다니며 쓸어모은 것들이었다. 최순우는 세관원에게 "세계 어디에도 자기 민족의 문화재를 수출하는 나라는 없다"며 반출을 불허했다.

최순우와 국립박물관장 김재원에게 문교부, 상공부의 연락이 빗발쳤다. "달러를 버는 일을 방해하면 박물관 예산을 깎아버리겠다"고 했다. 결국 16점을 제외한 나머지 140점의 수출을 허가한다는 서류에 도장이 찍히고 말았다. 믿을 곳은 언론밖에 없었고 11일자 신문에 '달러에 팔려가는 문화재 140점'이라는 기사가 대문짝만하게 실렸다. 여론이 들끓었다.

최순우는 15일 지프차에 실려 남산 중앙정보부에 끌려갔다. 취

백자 달항아리
국보 제310호, 조선시대, 국립중앙박물관

조관은 "북한에서 남조선이 국보를 팔아먹는다고 떠들고 있다. 당신이 한 짓은 이적행위"라고 했다. 다행히 겁만 주고 풀어줬다. 사건은 백자 수출 허가를 취소한다는 문교부 장관의 특별담화가 발표되면서 마무리됐다. 앙심을 품은 문교부 장관은 최순우를 인사 조치하려고 했지만, 김재원 관장이 끝까지 막아냈다.

백자가 한국의 간판 문화재로 멀리 미국에서도 인기가 높았음을 단적으로 보여주는 사건이다. 고려가 청자의 시대였다면 조선은 백자의 시대였다. 화려한 청자는 귀족문화를 상징하고 흰색의 백자는 자기수양을 강조하는 유교적 이상을 잘 반영한다. 6세기 중국 남북조 말기에 등장한 백자가 우리나라에 전해진 것은 통일신라시대 말인 9세기 후반이다. 백자는 청자가 고도로 발달했던 고려시대에도 제작됐지만 조선에 들어 시대정신을 반영하는 기물로 받아들여지면서 비로소 크게 발전한다.

백자는 청자보다 발전된 형태의 도자기다. 청자가 되려면 흙에 철분이 함유돼 있어야 하지만 백자가 나오려면 흙이 깨끗해야 한다. 흙에서 철분을 제거하기 위한 노동력과 철이 없는 유약을 찾아내는 기술개발이 뒤따라야 백자를 만들 수 있다.

조선 왕실은 건국 초에는 지방 가마에서 자기를 진상 받았지만 성종(재위 1469~1495) 초 무렵부터는 경기 광주에 사옹원(궁중 음식을 관장하던 관청) 분원을 설치하고 관영 가마를 운영하면서 질 좋은 백자를 스스로 조달했다. 사옹원 분원의 도자기는 기형이 세련됐고 그림도 예술성이 높다. 도화서 화원이 분원까지 가서 도자기에 그림을 그렸다.

분원은 1726년(영조 2)부터 1752년(영조 28)까지 광주 금사리에 마련됐다. 30년이 채 안 되는 짧은 기간이었지만 후대에 오랫동안 기억될 명품 도자기가 쏟아졌다. 순백 항아리를 둥글게 빚은 달항아리와 청화안료로 들풀 문양을 간단하게 넣은 추초 무늬의 노르스름한 유백색 백자가 이곳에서 제조됐다. 이후에는 광주군 분원리에 정착해 1910년까지 지속된다. 이 시기를 '분원리 시대'라고 부른다.

백자는 채색이나 장식 기법에 따라 순백자, 청화백자, 철화(검은색 안료)백자, 진사(붉은색 안료)백자, 잡유 등으로 구분된다. 청화 채

색은 명나라 이후 등장해 세계 도자기계의 총아로 각광받았다. 청화백자의 안료인 푸른색의 코발트는 아라비아 상인을 통해 중국으로 들어온 것을 수입해 매우 귀했다. 코발트로 용이나 대나무, 매화 등의 그림을 그려 넣은 백자는 궁중행사용으로 납품됐다.

임진왜란 이후 경제난으로 코발트 수입이 불가능해지자 17세기 백자는 토착화 과정을 겪는다. 값비싼 청화를 검은색의 산화철로 대체한 철화백자가 유행했다. 18세기 이후 사회가 안정되고 경제가 발전하면서는 청화백자가 재등장해 궁중에서 쓰는 대형 항아리는 물론 작은 항아리, 병 등 생활 용기, 양반 사회의 취미 용품인 문방구류까지 다양하게 만들어진다. 1754년(영조 30) 실록은 영조가 "자기의 그림에는 석간주石間朱(철화)를 썼지만 이제 들으니 회청回靑(페르시아 청화)으로 그린다고 한다. 이것도 사치한 풍습이니 이제부터는 용 항아리를 그리는 것 외에는 금하도록 하라"고 명했다고 기술한다.

국보 백자는 총 19점이다. 청화백자가 7점으로 가장 많고 철화백자와 달항아리가 각 3점이다. 청화백자 중에는 청화매조죽문 유개항아리(국보 제170호), 청화매죽문 항아리(국보 제219호), 청화매죽문 유개항아리(국보 제222호) 등 3점이다.

국립중앙박물관 소장의 국보 제170호는 조선 초기의 고분에서 출토됐으며 전기 청화문양의 전형을 보여준다. 이건희 삼성그룹 회장이 매입했던 국보 제219호는 높이 41㎝로, 청화백자 중 제일 큰

백자 청화매죽문 항아리
국보 제219호, 조선시대(15세기), 리움 미술관

보존상태가 너무 좋아 가짜라는 의혹에 휩싸였던 특급
청화백자이다.

데다 외형이 너무 깨끗해 가짜 논란이 벌어지기도 했다. 국보 제
222호는 호림박물관을 세운 윤장섭 성보실업 회장이 1970년 11월
4,000만 원에 샀다. 당시 서울시내 집값이 100만~200만 원이었
다. 전체적인 모양과 색, 문양의 필체 등이 최상급이다.

　철화백자도 안료만 푸른색에서 검은색으로 바뀌었을 뿐 품질이
청화백자 못지않다. 철화포도문 항아리(국보 제107호)는 대걸작 조
선백자다. 높이 53.3㎝로 조선백자 중 가장 크다. 18세기 전반 금
사리 가마에서 빚은 것으로 알려져 있다. 조선철도 전무였던 시미
즈 고지淸水幸次의 소장품이었지만, 해방 후 반출이 금지되자 고미
술시장에 나왔다가 수도경찰청장이던 장택상의 소유가 됐다. 이어

백자 철화포도문 항아리
국보 제107호, 조선시대(18세기 전반), 이화여대박물관

조선백자의 대표주자다. 높이 53.3cm의 대형 백자로, 조선
백자의 높은 회화성을 보여주는 대걸작이다.

1960년 김활란 이화여대 총장이 구입했다. 몸체에 그려진 포도 덩
굴무늬의 사실성, 농담과 강약의 절묘한 구사에서 17세기 백자의
높은 회화성을 볼 수 있다.

청화철채동채초충문 병(국보 제294호)은 국화꽃을 양각으로 새
기고 철채(검은 안료 채색)와 진사채(붉은 안료 채색), 청화를 모두 곁
들여 채색해 한국 도자기로는 이례적인 희귀한 백자다. 이 백자는
1936년 경성미술관구락부 경매에 나와 최고가인 1만 4,549원에 낙
찰돼 화제를 모았다. 경매 시작부터 열띤 경쟁이 붙었고 결국 간송
전형필이 일본인을 누르고 주인이 됐다. 이 백자는 진고개(서울 명동)
의 일본인 골동상이 참기름 장수에게 단돈 5원에 샀던 것이었다.

백자 청화철채동채초충문 병
국보 제294호, 조선시대, 간송미술관

애초 참기름 병으로 쓰였지만 가치를 알아본 일본인 골동상
이 단돈 5원에 구입한 것으로 전해진다. 불과 얼마 뒤 간송
전형필은 경매에서 거금 1만 4,549원에 이를 사들였다.

    백자 달항아리는 국보로 제261호, 제309호, 제310호 등 3점이
있다. 단순한 원형이며 순백이지만 보이는 것보다 더 복잡하고 미
묘하고 불가사의한 미를 발산한다고 평가된다. 한국 미술의 거장
김환기 화백(1913~1974)이 "나의 예술은 모두 백자항아리에서 나왔
다"고 극찬했던 자기다.

도쿄 요리점에 팔려간 다보탑 수호신

다보탑

"들으매 이 탑의 네 귀에는 돌사자가 있었는데 두 마리는 동경 모 요리점의 손에 들어갔다 하나, 숨기고 내어놓지 않아 진상을 알 길이 없고, 한 마리는 지금 영국 런던에 있는데 다시 찾아오려면 오백만 원을 주어야 내어놓겠다고 한다던가."

경주 다보탑을 찾은 소설가 현진건(1900~1943)은 탑에 있던 세 마리의 사자상이 사라진 것을 보고 이렇게 탄식했다. 1929년 동아일보에 쓴 〈고도순례 경주〉라는 칼럼에서였다.

불교에서 사자는 불법을 수호하는 용맹스러운 수호신이다. 나아가 석가모니를 인중사자人中獅子로 비유하면서 사자를 부처와 동일시하기도 했다. 부처의 위엄 있는 설법도 사자의 울음에 비유해 사자후獅子吼라고 한다. 사자상은 다보탑의 수호신인 것이다.

현진건의 말대로 다보탑 사자상은 사각 기단 위에 각 한 마리씩, 모두 네 마리가 존재했다. 도쿄대 교수를 지낸 세키노 다다시關野貞가 작성한 《한국건축조사보고韓国建築調査報告》(1904)에는 "다보탑 기단 모서리 네 곳에 돌사자가 있다"고 기술돼 있다. 을사늑약(1905) 이전 네 마리가 온전히 있었으나, 현진건이 다보탑을 방문한

다보탑
《조선고적도보》(1915) 4권
이때만 해도 탑 중앙부의 사자상이 두 개였다.

1929년 사이의 20여 년 동안 세 마리가 흔적 없이 사라졌던 것이다.

현재도 한 마리만 외롭게 탑을 지킨다. 이 사자는 어떻게 지금까지 남았을까. 문화재청이 2011년 발간한 〈불국사 다보탑 수리보고서〉는 "사자상의 경우 정수리, 꼬리, 입, 가슴 부위, 남측 다리와 발가락 등이 파손되었다"고 밝힌다. 결국 이러한 상처 덕분에 제자리를 지킬 수 있었던 것이다.

국보 제20호 불국사 다보탑은 우리나라 탑 가운데 가장 화려하면서도 독창적 형태의 유일무이한 탑으로 유명하다. 전 세계적으로도 같은 모습의 탑은 찾기 힘들다. 한국 미술사학의 태두 고유섭은 《조선탑파의 연구》(1948)에서 "탑파의 모국인 인도에도 요만한 탑이 없고, 탑파의 중흥국인 중국에도 그 유례가 없다. 실로 너무나 귀신같은 기교의 난무이다"라고 극찬했으며 고고학자 김원룡도 《한국 고미술의 이해》(1981)에서 "(다보탑은) 불상 조각에서 보여준 화강암 위의 부드러움이 건축에도 그대로 이룩되고 있는 것"이라 평했다.

《삼국유사》에 의하면 다보탑은 751년(신라 경덕왕 10) 재상 김대성(700~774)의 발원으로 불국사 조성과 함께 세워졌다. 대웅전을 중심으로 석가탑은 서쪽에, 다보탑은 동쪽에 배치됐다. 다보탑의 전체 높이는 약 10.4m이며 아래 기단(탑의 기초) 폭은 약 4.4m이다. 기단 사면에는 계단이 설치됐으며 기단과 탑신(탑의 몸체) 위에는 난간이 둘러졌다. 목조건축의 복잡한 구조를 따온 짜임새 있는 구성으로 통일신라 전성기 석조미술의 정수를 보여주는 걸작이다.

'다보'라는 명칭은 어디에서 유래했을까. 다보多寶는 '보배로 가득한 탑'이란 말이다. 이 용어는 불경 묘법연화경(법화경)의 견보탑품見寶塔品 고사에 근거한다. 경전에는 "석가가 영취산에서 설법할 때 다보여래의 탑이 땅에서 솟아나 설법을 찬양하니 그 탑 안으로 석가가 들어가 다보여래와 같이 앉았다"고 써 있다. 또한, "그것은 갖가지 보물로 장식되어 있으며 5,000개의 난간과 천만의 방이 있다. 한량없이 많은 당번幢幡(깃발)으로 장엄하게 꾸미고 보배 영락(구슬)을 드리우고 보배 방울 또한 그 위에 수없이 달았으며, 그 사면에는 다마라발전단향을 피워 향기가 세계에 가득하고 모든 번개

幡蓋(장식물)는 금, 은, 유리, 자거, 마노, 진주, 매괴 등 칠보를 모아 이루니 그 탑의 꼭대기는 사천왕궁에까지 이르렀다"고 묘사한다. 다보탑은 화려함의 극치인 이 칠보탑을 재현했던 것이다.

다보여래는 '과거의 부처'를 말한다. 즉 '현재의 부처'인 석가모니를 의미하는 석가탑과 과거의 부처인 다보여래의 다보탑이 나란히 서 있는 불국사는, 신라인들이 지상에 구현한 불교적 유토피아였다. 그러나 이와 같은 해석은 1708년 승려 회인의《불국사사적佛國寺事蹟》과 1740년 승려 동은의《불국사고금창기佛國寺古今創記》에서 비롯한다. 그 이전에는 불국사의 두 탑이 다보나 석가로 불리지 않았다.

1966년 발굴 조사에서 이름의 진실을 밝힐 실마리가 발견됐다. 서탑인 석가탑을 해체했을 때, 1024년(고려 현종 15)의 무구정광탑중수기와 1038년(고려 정종 4)의 서석탑중수기가 수습된 것이다. 탑 하나에 이름이 다른 중수기가 두 개 발견되면서 석가탑이 서석탑, 무구정광탑 등 두 개의 명칭으로 불렸을 가능성을 열어줬다. '무구정광탑'이라는 말도 단순히 무구정광대다라니경을 넣은 탑이란 뜻이다. 일각에서는 고려시대 탑을 중수하면서 다보탑 중수기를 석가탑에 함께 뒀다는 설도 제기한다. 석가탑에서 무구정광탑중수기가 발견됐지만, 다보탑이 무구정광탑이라는 해석이다. 석가탑이 서석탑으로 불렸듯 다보탑도 그냥 동석탑으로 호칭됐을 수 있다.

최근에는 통일신라 때 유행한 화엄사상에서 탑의 기원을 찾아

불국사 경내와 다보탑
사진 배한철

야 한다는 주장이 제기된다. 이에 따르면 두 탑은 화엄사상의 우주
인 연화장(부처가 깨달음을 얻었을 때 봤던 연꽃 속의 웅장한 우주 모습) 세
계를 상징한다. 팔각 연화지붕을 두른 동석탑(다보탑)은 이 연화장
세계의 입체적인 모습이며 서석탑(석가탑)은 연화장을 평면적으로
표현했다는 시각이다.

　다보탑은 층수를 놓고서도 다양한 견해가 있다. 일반적으로 탑
은 기단, 탑신, 상륜(탑 위쪽 뾰족한 부분)으로 구성되며 탑신 부분 몸

1925년 다보탑 수리 장면
사진 국립문화재연구소

돌·옥개석(지붕돌)의 개수로 층수를 센다. 다보탑 층수는 1층설, 3층설, 4층설 등이 대립돼 왔다. 문화재청 문화유산정보는 "그 층수를 헤아리기가 어렵다"고 설명한다.

최근에는 2층설이 주로 거론된다. 기단과 사각형 기둥으로 구성된 1층, 팔각형 모양의 2층, 그리고 상륜부로 나뉘는 구조라는 것이다. 이는 탑이 불국사의 모습을 반영했다는 해석이다. 불국사는 전체 구역을 크게 대웅전과 극락전으로 대칭시키되, 대웅전 구역은 난간을 2층으로, 극락전 구역은 1층으로 조성해 부조화를 시도

했다. 그러면서 극락전 구역 난간 중앙부에 돌출형 돌을 넣어 2층이라는 착각이 들도록 했다. 탑의 모습도 다르지 않다. 대웅전 앞에 석가탑과 다보탑을 일렬로 세웠지만, 이 두 탑은 완전히 다른 모습으로 대비된다. 또한, 다보탑 자체적으로도 1층은 사각형, 2층은 팔각형으로 제작해 비대칭을 적용했다.

다보탑 상층부 팔각형 부분에 설치한 난간은 지붕돌로 인식하게 해 층수를 판단하는 데 혼란을 준다. 아래층의 탑신과 계단부도 쉽게 식별되지 않는다. 결론적으로 다보탑은 대칭 속에 비대칭, 비대칭 속에 대칭을 적용한 착시효과로 파격을 주어 단조로움을 벗어나고자 했던, 신라인의 탁월한 미의식을 잘 보여준다.

1925년 일제강점기 다보탑을 전면 해체수리한 것으로 추정되지만, 공식 문건은 전해지지 않는다. 이로 인해 다보탑에는 풀지 못한 비밀이 아직도 많다.

세 번이나 놓친 몽유도원도

"안견의 자字인 가도可度 인장이 분명하고 그림의 초두에 안평대군(1418~1453) 친필 찬讚(그림에 써넣는 시나 글)과 그림 말미 30~40척 종이에 김종서(1383~1453) 등 20여 인의 발이 있는데 모두 서명 날인이 명확합니다. (…) 가격은 3만 원 가량입니다. 내 전 재산을 경주하여서라도 이것을 손에 넣었으면 하고 침만 삼키고 있습니다. 나는 이것을 수십 차례 보면서 단종애사를 재독하는 감상을 갖게 됩니다. 이것만은 꼭 내 손에, 아니 조선 사람 손에 넣었으면 합니다."

고서화 수집가였던 오봉빈이 1931년 4월 12일자 〈동아일보〉에

일본의 국보 몽유도원도　　　　　　　　수차례 돌아올 기회를 놓친 일본의 국보 몽유도원도
일본 덴리대도서관

낸 기고이다. 1931년 3월 22일 도쿄도미술관에서 열린 〈조선명화전람회〉에 현동자 안견(생몰년 미상)의 몽유도원도夢遊桃源圖가 처음으로 공개됐던 것이다. 전시회를 관람한 오봉빈은 신문을 통해 몽유도원도가 매물로 나왔음을 알리면서 국내 수장가가 매수에 나서줄 것을 호소했다.

　국내에선 이 그림의 가치를 아는 이가 없었다. 더욱이 제시된 가격 3만 원은 서울의 기와집 30채를 살 수 있는 천문학적 거금이었다. 그림의 소유주는 오사카의 실업가 소노다 사이지園田才治였는데 그림이 워낙 고가여서 새로운 주인을 찾지 못했다. 1933년 몽유도원도는 일본 중요미술품으로 지정됐고 1934년에는 조선총독부가 발행한 《조선고적도보朝鮮古蹟圖譜》에도 수록됐다. 이어 1939년 일본 국보로 지정된다. 조선총독부가 나서 조선에 그림을 돌려줄 것을 요청했지만 거절당했다.

광복 이후에도 몽유도원도는 두 번이나 우리 품에 돌아올 뻔했다. 그림을 상속받은 소노다의 아들 소노다 쥰園田淳은 종전 후 궁핍해져 그림을 도쿄의 고미술상 류센도龍泉堂에 팔았다. 초대 국립박물관 관장 김재원이 1948년 12월 말 도쿄에 들렀을 때 이 그림이 5,000달러에 매물로 나왔다는 소식을 들었지만, 국립박물관 예산으로 어림도 없는 금액이었다.

다량의 고서화와 불상을 해외로 밀반출한 것으로 악명 높은 골동품상 장석구가 1949년에 몽유도원도를 샀다며 그림을 들고 국내의 구매자를 찾아다녔다. 최남선, 이광수, 장택상, 전형필 등이 그림을 둘러봤다. 장석구는 1만 달러를 불렀고 이번에도 몽유도원도를 살 능력이 있는 수집가는 나타나지 않았다. 장석구는 그림을 다시 일본으로 갖고 갔다. 1950년 덴리교 2대 교주인 나카야마 쇼젠中山正善이 이를 구입해 오늘날 덴리대도서관에 수장했다.

몽유도원도는 1447년(세종 29) 안견이 그린 가로 106.5㎝, 세로 38.7㎝의 대작으로, 조선 전기의 회화 수준을 짐작할 수 있는 걸작

서울 인왕산 수성동 계곡과 기린교
사진 배한철

기린교 부근에 안평대군의 별장인 비해당이 있었다. 안평대군은 비해당에 명사들을 초청해 문학과 예술을 논했다. 몽유도원도를 감상하고 찬문을 지은 장소도 이 비해당이었을 것이다. 안평대군이 사형당한 후 집도 헐렸다.

품이다. 조선 전기 회화는 작품이 거의 남아 있지 않아 몽유도원도의 가치가 매우 높다. 오래된 작품이라 비단이 삭았지만, 색채는 크게 변하지 않았다.

몽유도원도는 세종의 셋째 아들 안평대군이 늦은 봄인 4월 20일 꿈에서 본 도원 이야기를 들려주며 그림으로 그리게 해 안견이 사흘 만에 완성한 작품이다. 왼편에는 현실 세계의 마을이 자리 잡고 있고 중간에는 깎아 지르는 절벽과 무릉도원으로 가는 동굴 등 험난한 길이 펼쳐진다. 그리고 오른쪽에 복숭아꽃이 만발한 이상향 무릉도원이 있다. 몽유도원도에는 안평대군을 포함해 김종서, 신숙주, 박팽년, 성삼문, 정인지, 서거정 등 당대 최고의 명사 21명이 찬시를 적었다. 문화군주였던 세종의 치세가 절정으로 치닫던 시절의 예술과 사상이 집결된 역사적 예술품인 것이다.

몽유도원도가 세상에 처음 소개된 것은 1929년 일본에서 발행한 〈동양미술東洋美術〉에 논문이 발표되면서다. 나이토 코난內藤湖南이라는 학자가 소노다가 소장한 그림을 보고 이에 대한 최초의 논문을 썼던 것이다.

몽유도원도에 관한 가장 오래된 기록은 1893년의 일본 정부 등록이다. 여기에는 가고시마의 시마즈島津 가문이 소유자로 돼 있다. 시마즈가의 17대 당주 시마즈 요시히로島津義弘는 임진왜란 때 출병해 전쟁 초기 경기도 북부와 강원도 철원을 거점으로 활동했다. 그 영역권이었던 고양시 덕양구 대자동에 태종의 넷째 아들 성녕대군(1405~1418)의 원찰, 대자사大慈寺가 있었다. 요절한 성녕대군의 양자로 입적된 이가 안평대군이다. 안평대군은 양부를 위해 편액(문 위에 거는 액자)을 쓰고 절을 중창했다. 안평대군은 귀중품들을 절에 봉헌했을 것이고 몽유도원도도 올렸을 가능성이 높다.

가고시마현사에 수록된 요시히로의 편지 중 수신지가 대자사인

것이 있어, 시마즈 요시히로가 대자사에 머물렀던 사실을 확인할
수 있다. 대자사의 몽유도원도는 그가 훔쳐 간 게 분명하다. 대자
사는 임란 때 불타버렸고 성녕대군 묘역 아래 소현세자의 셋째 아들
경안군(1644~1665) 묘역이 대자사터로 비정됐다.

몽유도원도는 시마즈 가문 안에서도 몇 차례 주인이 바뀌었다.
1920년대 후반 쇼와공황으로 경제가 어려워지자 그림은 고미술시
장에 나왔고 결국 소노다 사이지의 손에 들어갔다.

"아 꿈이런가." 안평대군이 꿈꾸었던 이상향이 현실 세계에서
산산조각 났듯 불세출의 국보, 몽유도원도는 우리에게 잡힐 듯 잡
히지 않는 봄날의 꿈이었던 것이다.

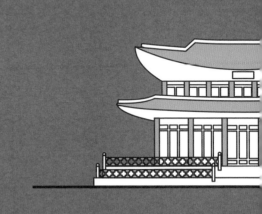

3부

전쟁이 휩쓸고 간
자리에 남아

황산벌 굽어보는 거인 불상

관촉사 석조미륵보살입상

백제는 황산벌과 무슨 악연이란 말인가. 황산벌 전투에서 패해 백제가 멸망했고, 백제를 계승한 후백제 또한 이 황산벌에서 최후를 맞았으니 말이다.

660년(백제 의자왕 20·신라 태종무열왕 7) 7월 9일의 황산벌 전투는 백제 왕조 운명을 가른 싸움이었다. 백제의 계백과 5,000 결사대가 먼저 험한 지역을 차지해 세 곳에 진을 치고 신라군을 기다렸다. 뒤늦게 당도한 신라군은 군사를 세 갈래로 나눠 네 번 공격하지만 죽고자 덤벼드는 백제군을 한 차례도 이기지 못했다. 몸은 지치고 사기는 바닥에 떨어졌다.

고전하던 신라군은 좌장군 김품일의 아들 관창(645~660)의 고귀한 희생으로 전의를 회복하고 가까스로 백제군을 꺾는다.《삼국사기》는 "계백은 그곳에서 죽었고 좌평 충상과 상영 등 20여 명이 사로잡혔다"고 백제군의 최후를 기술한다. 나흘 뒤인 13일 백제 왕성인 사비성이 함락되고 이어 18일 웅진성으로 도망쳤던 백제 의자왕(재위 641~660)이 자진해서 항복한다.

백제의 황산벌 패배로부터 276년이 흐른 뒤, 이 벌판을 놓고 백

황산벌을 내려다보는 관촉사 미륵의 모습
《조선고적도보》(1920) 7권

고려 광종이 강력한 권위를 후백제 유민들에게 과시하려는 정치적 목적으로 불상을 세웠다는 주장도 제기된다.

제를 계승한 후백제가 고려와 맞붙는다. 936년(고려 태조 19) 6월 고려와 대립하던 후백제의 견훤(재위 892~935)이 고려 태조 왕건(재위 918~943)을 찾아온다. 맏아들 신검(재위 935~936)이 자신을 금산사에 가두고 옥좌를 차지하자 견훤은 복수를 다짐하며 투항한 것이다. 그러면서 "역적 아들을 처단하려고 하니 성군의 위엄을 빌려 달라"고 청했다. 이에 왕건은 왕무(고려 2대 왕 혜종)와 장군 박술희(?~945)에게 명해 보병·기병 1만 명을 거느리고 백제로 진격하게 했다. 9월 경북 구미에서 고려군과 후백제군이 대치했는데, 견훤이 앞장서서 공격하자 후백제군은 삽시간에 무너졌다. 고려군은 3,200명을 사로잡고 5,700명의 머리를 베는 전과를 올렸다.

후백제 군대는 황산벌까지 퇴각했다. 고려군이 임박해 오자 신검은 모든 것을 포기한 채 백기를 들고 만다. 왕건은 스스로 항복했다는 이유로 신검을 죽이기는커녕 오히려 관작官爵을 내렸다. 《고려사高麗史》는 "견훤이 울화병으로 등창이 나 며칠 후 황산의 절에서 죽었다"고 적었다.

백제와 후백제의 마지막 보루였던 이 황산벌을 묵묵히 굽어보는 초대형 불상이 있다. 논산 은진면에 있는 관촉사 석조미륵보살입상이 그것이다. 흔히 은진미륵이라 불린다. 불상은 황산벌이 한눈에 들어오는 반야산 언덕에 서 있다. 널찍하고 명료한 이목구비와 멀리서도 알 수 있을 만큼 압도적인 크기가 이 불상의 특징이다. 1963년 보물로 지정됐다가 55년 만인 2018년 국보 제323호로 승격됐다.

관촉사 창건과 관련한 설화는 《신증동국여지승람新增東國輿地勝覽》에 서술돼 있다. 봄날 반야산에서 한 여인이 고사리를 캐고 있었다. 갓난아기 울음소리가 들려 가보니 아기는 보이지 않고 큰 바위가 솟아 있었다. 여인은 마을에 내려와 "바위가 태어나며 울었다"는 소식을 퍼뜨렸고, 이 기이한 소문이 고려 제4대 광종(재위 949~975)의 귀에까지 들어갔다. 968년(광종 19) 임금은 "불상을 만들라는 하늘의 계시가 분명하다"며 고승 혜명에게 명해 불상과 함께 절을 짓게 했다. 불상은 1006년(목종 9)에야 완성된다. 38년의 대역사가 이뤄지는 동안 왕이 세 번이나 바뀌었다.

불상은 높이가 18.12m이고 둘레 9.2m, 귀 길이 3.3m, 무게 377톤이다. 우리나라 불상 중 가장 크다. 불상이 워낙 거대하다 보니 한 번에 만들지 못했다. 삼등분으로 나눠 제작한 뒤 밑 부분을 먼저 놓고 모래를 쌓은 후 단계적으로 끌어올리며 세웠다.

불상이 올려지자 부처의 두 눈썹 사이에 난 옥호玉毫(광명주)에서 밝은 빛이 나와 사방을 비췄다고 한다. 송나라 고승 지안이 그 빛을 따라와 예배하면서 "빛나는 미륵불, 마치 촛불을 보는 것 같다"고 찬했다. '관촉사灌燭寺'라는 명칭은 '촛불燭과 같다'는 이 일화에서 유래했다. 여기서 쓰인 한자는 볼 '관觀'이 아닌 물댈 '관灌'이다. 애초 觀이 쓰였지만 사찰에서 화재가 자주 발생하는 특성상 후대에 불을 억누를 수 있는 물과 관련한 灌으로 대체했을 것으로 짐

일제감정기 관촉사 미륵
사진 대한민국역사박물관

일제강점기 트럼펫 연주자로 활동했던 현경섭이 논산
관촉사에서 동료들과 찍은 사진. 높이 18.12m의 석조
미륵보살입상이 있는 관촉사는 과거는 물론 현재까지도
사람들의 발길이 끊이지 않는다.

작된다.

지안이 미륵이라고 칭했다고 해서 은진미륵으로 불리지만, 원래 이 불상은 관음상이다. 관음은 현실의 고통에서 중생을 구제해주는 보살이다. 흔히 관음보살은 중생의 불성을 상징하는 연꽃을 손에 들고 있다. 은진미륵도 오른손에 연꽃 가지(청동제)가 들려 있다. 또한 관촉사 관음전에는 관음보살상이 따로 없다. 대신 법당 안에 들어가면 법당 벽에 길게 창을 두어 야외의 불상이 보이도록 했다. 건물 밖 은진미륵을 관음전 본존불로 모시고 있는 것이다.

관촉사 석조미륵보살입상
국보 제323호, 1006년
사진 문화재청

불상은 좌우로 빗은 머릿결 위로 높은 원통형 보관을 썼다. 관에는 화불化佛(보관이나 광배에 두는 작은 부처)이 있었던 흔적이 발견된다. 정제미와 이상미를 추구한 통일신라 조각과는 전혀 다른 파격적이고 대범한 미적 감각을 담고 있어 우리나라 불교 신앙과 조각사에서 중요한 위치를 차지한다.

은진미륵이 빛을 발한 것은 미간의 광명주와 보관에 달렸던 금동화불 때문이었다. 주민들은 1909년 일본 사람들이 불공을 핑계로 여러 날 절에서 머물다가 금동화불을 훔쳐가고 이마에 있던 광명주를 깨뜨려 빛을 발하지 않는다고 전한다.

불상이 위치한 논산은 백제와 후백제의 근거지였다. 그곳은 물산이 풍부했고 지리적으로도 중요했다. 넓고 기름진 평야에서 나오는 농산물에다 인접한 서해 바다에서 나오는 해산물로 일대는 가장 부유한 지역에 속했다. 지정학적으로는 전라도에서 중부 지방으로 나아가는 길목이며, 경상도에서 중국으로 가는 통로였다. 삼한의 국운이 여기에서 결정됐던 것이다.

왕건은 후백제를 정벌한 뒤 이 지역을 감시할 목적으로 사찰인 개태사開泰寺를 세웠다. 이와 달리 왕건의 넷째 아들인 광종은 후백제를 왕실의 새로운 우군으로 포섭하려고 했다. 당시 지방 호족들은 미륵상생(미륵보살이 있는 도솔천에 왕생하려는 신앙)을 신봉하는 법상종을 주로 믿었다. 법상종은 파격과 자유 대신 계율을 중시했고, 왕실 중심의 질서를 세우려는 광종 역시 법상종을 추구했다.

광종은 후백제를 새로운 지지 기반으로 끌어들이기 위해 황산벌이 내려다보이는 곳에 후백제 호족들이 숭상하던 미륵상과 관촉사를 세웠다. 압도적 외형으로 미루어 보았을 때 후백제 유민들에게 자신의 강력한 권위를 과시해 고려에 순종하게 하려는 정치적 의도도 숨어 있었을 것이다. 1,000년 세월이 흐른 지금 역사의 피비린내는 사라지고 미륵불의 거대한 미소가 황산벌을 가득 채우고 있다.

기적처럼 지켜낸 인류의 유산

해인사 대장경판

1592년 4월 13일 부산포에 상륙한 일본군은 이 주 만인 27일 경상도 거점 고을인 성주로 진입한다. 성주 서쪽에는 가야산 해인사가 있다. 해인사는 모두가 알다시피 '우리 인쇄사의 불멸의 업적'으로 불리는 해인사 대장경판(국보 제32호)이 보관돼 있는 사찰이다. 일본은 조선 초부터 해인사 대장경을 차지하려고 혈안이었던 터라 대장경이 약탈당하는 것은 시간문제였다.

절망적인 순간에 곽재우(1552~1617)를 비롯한 거창의 김면(1541~1593), 합천의 정인홍(1535~1623) 등 경상우도의 의병과 승려 소암(?~1605)이 이끄는 승병이 일어났다. 의병·승병 5,000명은 왜군 2만 명을 공격해 성주성에 몰아넣은 다음 8월부터 12월까지 세 차례 대규모 공격을 퍼부었다. 왜적은 김천, 선산으로 퇴각하고 낙동강 서부가 수복되면서 해인사 대장경판도 지켜냈다.

인쇄물이 아닌 목판이 온전한 채로 남은 것은 전 세계적으로 해인사 대장경판이 유일하다. 1251년(고려 고종 38) 완성된 이후 800년이라는 오랜 세월 속에서도 손상 없이 보전된 것은 기적과도 같은 일이다.

대장경판의 제작은 고려시대로 거슬러 올라간다. 고려는 1011년(현종 2) 거란, 1232년(고종 19) 몽골 등 두 차례 큰 외침을 당했다. 독실한 불교 국가였던 고려는 국가적 환란을 맞아 민심을 결집하고 불법의 힘을 빌려 적을 물리치기 위해 국가사업으로 불교 경전을 종합한 대장경 사업을 벌인다. 대장경 제작에는 세계 최고였던 고려 목판 인쇄술이 총집결됐다.

대장경은 모두 세 차례 간행됐다. 첫 번째 대장경인 초조대장경 제조는 1011년 거란의 침입을 계기로 시작돼 1087년(선종 4)까지 76년간 지속됐다. 그 분량만 6,000권에 달했으며, 대장경이 완성된 후 대구 팔공산 부인사에 보관되다가 1232년 몽골군 침입으로 불탔다.

대장경 복원을 위해 곧이어 재조대장경을 조성하는데 이것이 해인사 대장경판이다. 이 대장경은 1236년부터 1251년까지 15년간 만들어졌다. 6,778권에 8만 1,352개 경판으로 이뤄져 있다. 1915년 조선총독부 집계에서는 8만 1,258개 경판이었지만, 2014년 수립한 '해인사 대장경판 중장기 종합 보존관리계획'에 의한 조사에서 최종적으로 확인한 숫자다.

목판에 새겨진 글자는 5,200만 자로 추산된다. 경판을 모두 연결하면 길이가 60㎞가 넘는다. 경판에 들어간 나무 수는 1만~1만 5,000그루(지름 50~60㎝ 기준)이며 경판을 새기는 데 동원된 연인원은 130만 명이 넘었을 것으로 추측한다. 경판은 방대하기만 한 게

일제강점기 합천 해인사
경내 모습과 주지
사진 국립중앙박물관

해인사에는 국보 제32호인
대장경판이 보관돼 있다.

아니라 정교하기까지 하다. 경판에 새긴 글씨는 한 사람이 쓴 것처
럼 가지런하다. 금석학의 대가 추사 김정희(1786~1856)는 "사람의
것이 아니라 신선의 필체"라고 감탄했다. 오·탈자는 물론 내용상
오류를 찾을 수 없다.

초조대장경과 재조대장경 사이에 대각국사 의천(1055~1101)에
의해 1091년부터 1102년까지 속장경이 생산됐다고 전해진다. 이
장경은 어디에 봉안됐는지, 언제 사라졌는지 행방이 묘연하다. 해

동래부사접왜사도(부분)
국립중앙박물관

조선을 찾은 일본 사신의 모습을 그렸다. 일본은 끊임없이 팔만대장경을
차지하려고 시도했지만 번번이 실패했다.

인사 대장경판이 현존하는 유일한 대장경판인 것이다. 강화도에서 완성된 대장경은 처음에는 강화도 선원사에 보관됐다. 이후 조선 왕조가 세워지면서 서울로 옮겨졌다가 1398년(태조 7) 해인사에 봉안됐다.

조선 건국 이후 성리학을 국가 이데올로기로 삼으면서 조선은 불교를 탄압했고 대장경 등 불교 유물도 천시했다. 반면, 이 시기 일본은 무로마치室町 시대(1338~1573)에 접어들면서 불교가 크게 융성한다. 왜왕과 슈고 다이묘守護大名(지역 영주)는 앞다퉈 자신들 구역에 사찰을 세웠고 고려의 대장경을 안치하려고 안달했다.

일본은 태조 원년부터 중종 34년까지 무려 87차례에 걸쳐 조선에 대장경 서적을 달라고 요구해 45차례나 받아갔다. 대장경을 가져가기 위해 진귀한 토산물을 바쳤고, 충성심을 증명해 보였다. 1399년(정종 1) 7월자 실록은 "일본 좌경左京 권대부權大夫 다다량의 홍多多良義弘이 일본에 잡아갔던 남녀 100명을 돌려준 뒤 대장경을 줄 것을 요청했다"고 기록했다. 그는 자신을 백제후손이라 소개했고 왜구 소탕에도 협력했다.

일본은 단 하나뿐인 대장경판 자체를 달라고 떼를 쓰기도 했다. 사신단까지 파견해 대장경을 얻어가는 것은 일본으로서도 여간 성가신 일이 아니었다. 경판을 확보한다면 일본 땅에서도 찍을 수 있고 조선에도 더는 아쉬운 소리를 하지 않아도 된다. 1414년(태종 14) 일본 측이 경판을 요청하자 태종은 "경판을 주면 다시 청

**눈을 맞으며 팔만대장경판을
들고 있는 미군 장교**
1947년, 사진 국립민속박물관

1946~1947년 주한미군정청 문관으로 근무했던
헨리 G. 웰본Henry G. Welbon의 기증자료이다.

하는 일이 없을 것"이라고 했지만, 예조에서 "경판을 보낸다면 다
시 되돌아오지 않을 것"이라고 반대해 무산됐다. 1423년(세종 5)에
도 일본 국왕의 사신 규주圭籌 등 135인이 떼로 몰려와 토산물을 올
리고 대장경판을 달라고 졸랐다. 세종은 "대장경판이 무용지물"이
라며 넘기려고 했지만, 이번에도 대신들이 들고 일어나 막았다. 세
종은 "우리나라에 오직 한 본밖에 없으므로 응하기 어렵다"면서 대
장경판 대신 산스크리트어로 쓴 밀교대장경판과 주화엄경판을 줬

다. 일본 사신들은 그들 뜻이 받아들여지지 않자 본색을 드러냈다. 단식농성을 벌였고 "병선 수천 척을 보내 약탈해 돌아갈 것"이라고 협박도 했다. 조선은 금가루로 필사한 인왕호국반야바라밀경·화엄경, 아미타경, 석가보 각 한 부씩을 더 얹어줘 일본을 달랬다. 대장경을 안 준 것은 다행이지만 당시에도 귀했던 경판과 책을 일본에 준 것은 매우 아쉬운 일이다. 일본은 1425년(세종 7) 4월 사신을 재차 파견해 대장경판을 달라고 했다.

정체불명의 국가를 사칭해 불경을 받아가려고도 했다. 이덕무(1741~1793)의 《앙엽기盎葉記》는 "성종 13년(1482) 윤 8월에 구변국주久邊國主 이획李獲이 사신을 보내어 특산물을 바쳤다. 이들은 '이전에는 일본과 주로 외교를 했지만 이번에 (조선에) 향료, 후초, 납과 은, 비단, 염소 등을 바치고 대장불경을 얻어가고자 한다'고 하였다"고 썼다. 《앙엽기》는 그러면서 "동남해 여러 나라들을 두루 살펴봐도 구변국이란 명칭은 없으니 왜인이 엉뚱한 나라 이름과 왕 이름, 산물 명목을 만들고 사신을 가장시켜 우리를 속이고 대장불경을 얻어가려는 교활한 수법"이라고 했다. 일본의 집요함에도 조선 조정은 끝내 대장경을 내주지 않았다. 임금과 사대부들은 체면 때문에 대장경판을 하찮게 여기는 척했지만, 내면으로는 높은 가치를 인정해 보호하려고 했던 것이다.

대장경은 오늘날까지 훼손 없이 잘 보존되어 왔다. 임진왜란이 발발하자 의병·승병이 목숨을 다해 사수했다. 당시 일본 최고 법사

일제강점기 장경판전 내부
사진 국립중앙박물관

가 "팔만대장경을 건드리게 되면 일본이 망할 것"이라고 경고해 가져가지 않았다는 설도 전해진다. 숙종(재위 1674~1720) 때부터 고종(재위 1864~1907) 때까지는 해인사에 일곱 번이나 화재가 발생하지만 멀쩡했다. 일제강점기에는 일본이 대장경을 통째로 갖고 가려고 시도했다는 얘기도 내려온다. 한국전쟁 땐 폭격의 위기도 피했다.

대장경이 잘 보존된 데는 장경판전(국보 제52호)의 역할도 중요했다. 장경판전은 해인사 부속 건물 중에서 가장 오래된 건물로, 1488년(성종 19)에 세워졌다. 남과 북의 창 크기를 달리해 통풍을 조절할 수 있도록 했고 바닥에 숯과 소금을 깔아 습도도 최소화했다. 장경판전에는 대장경과 함께 국보 제206호 고려목판(국가 기관이 아닌 지방 관청이나 절에서 새긴 목판)도 보존돼 있다. 해인사 대장경판은 해탈과 중생 구제, 그리고 호국 불교라는 한국 불교의 오랜 목표를 하나로 집약시킨 결정체이자 우리나라를 넘어 동아시아 인쇄 기술, 문화, 종교 사상에 지대한 영향을 미친 문명총서다.

경복궁을 불태운 조선 백성

경복궁 근정전

대한민국 국보 중 가장 대중적인 것을 꼽자면 경복궁 근정전(국보 제223호)과 경회루(국보 제224호)가 아닐까. 경북궁은 내외국인이 가장 많이 찾는 서울의 대표 관광명소이며 특히 근정전, 경회루 두 곳에 인파가 집중된다. 근정전은 국왕 즉위식 등이 거행된 경복궁의 중심 건물이며, 경회루는 나라에 경사가 있거나 사신이 왔을 때 연회를 베풀던 장소이다. 그 위상에 걸맞게 모두 규모가 크고 구조와 장식 등도 화려하기 그지없다.

　　현재의 경복궁은 150여 년 전에 새로 지어진 건물이다. 1395년(태조 4) 완공돼 200년간 조선의 정궁으로 사용됐지만, 1592년 임진왜란 당시 화재로 전소된 뒤 폐허로 방치되다가 1867년(고종 4)에야 재건됐다.

　　아직도 많은 사람은 임진왜란 때 서울을 점령한 적군이 경복궁에 불을 질렀다고 알고 있다. 하지만 여러 문헌에 따르면 이는 사실이 아니다. 선조(재위 1567~1608) 때 예조판서를 지낸 이기(1522~1600)의 《송와잡설松窩雜說》은 "방화의 주범이 우리 백성"이라고 명백히 진술한다. 《송와잡설》은 "왜적이 도성에 들어오기도 전에 성 안 사람들

일제강점기 경복궁 근정전 어계(임금의 계단) 앞
사진 국립중앙박물관

주인 없는 궁궐은 관리가 안 돼 풀이
무성하게 덮여 있다.

이 궐 내에 다투어 들어가서 임금의 재물을 넣어두던 창고를 탈취
하였다. 경복궁과 창덕궁, 창경궁 등 세 궁궐과, 크고 작은 관청에
일시에 불을 질러 연기와 불꽃이 하늘에 넘쳤으며 한 달이 넘도록
화재가 이어졌"면서 "백성들의 마음은 흉적의 칼날보다 더 참혹
하다"고 비통해했다.

경복궁을 재건하려는 노력은 선조 당대부터 있었지만 전쟁 피해
복구가 더 시급해 불발에 그쳤다. 이후 현종, 숙종, 영조, 익종(순조
말기 대리청정한 효명세자), 헌종 대에도 시도됐지만 역시 막대한 재

무악재로 추측되는 고갯길
1906년 무렵, 사진 국립민속박물관

1592년 4월 30일 선조는 이 길을 따라 피란을 갔다.
선조 일행이 무악재에 올랐을 때 이미 경복궁은 불길에
휩싸였다. 이틀 뒤인 5월 2일에야 왜군이 도성에 들어
왔으니, 경복궁을 불태운 것은 적이 아니라 우리 백성
들이었던 것이다.

정 부담으로 공사가 시작되지 못했다. 1865년(고종 2)에 이르러 흥
선대원군 이하응(1820~1898)에 의해 중건 공사가 착수될 수 있었다.

공사는 궁성, 내전, 외전, 경회루, 별전, 행각 순으로 진행됐다.
《경복궁영건일기景福宮營建日記》에 따르면, 재건에 동원된 인원은 공
장工匠(장인)만 하루 1,600명에 달했다. 공사는 속전속결로 진행돼
2년 7개월 만에 끝난다. 그리고 8개월 후인 1868년(고종 5) 7월 2일,
무려 270여 년 만에 창덕궁에서 경복궁으로의 역사적인 이어移御(임

경복궁 경회루
일제강점기, 사진 국립중앙박물관

예전엔 겨울에 경회루 연못에서
스케이트를 탈 수 있었다.

금이 거처를 옮김)가 이뤄졌다.

경복궁은 다른 궁궐에 비해 돌 조각상이 유난히 많다. 광화문 앞 한 쌍의 해치상 외에도 십이지신상, 사신(네 방위의 신)상, 각종 서수(사악한 기운을 없애는 동물)상 등 모두 102점의 동물 조각이 설치됐다. 근정전 56점, 근정문 3점, 영제교 8점, 경회루 20점 등이다.

서수상의 경우 해치를 비롯해 영제교 천록, 경회루 기린 및 불가사리, 근정전 사자 등 형태가 다양하다. 《예기禮記》에 따르면 기린은 노루의 몸에 소의 꼬리를 달고 머리에 뿔이 난 모습이며, 인의를 품고 있는 상서로운 동물이다. 천록도 생김새는 기린과 비슷하다. 우리나라에서 구전돼온 불가사리는 몸에 털이 있고 코가 길어 코끼리와 흡사하다. 일부 돌 조각 등은 종전 것도 재활용됐다. 영제교 천록상, 근정전 쌍사자상·계단 서수상 등은 임진왜란 이전에 조성된 조각들이었다.

그런데 돌 조각상에 이상한 점이 하나 있다. 근정전 십이지신상이 순서대로 배열돼 있지 않으며, 개와 돼지는 아예 빠져 있다. 임금의 즉위식이나 공적 대례大禮를 거행하던 근정전의 의미를 감안할 때 동물상의 불규칙한 배치와 불완전한 구성은 미스터리하다. 당초 계획에 없었다가 근정전 건립 도중 갑자기 추가된 것으로 해석된다.

경복궁 공사 착수 이듬해 병인양요가 발발한다. 조선 왕실을 충격에 빠뜨렸던 돌발적인 국가적 위기가 발생하자, 왕실을 수호하는 상징물의 필요성이 급히 대두되었다. 미신을 맹신했던 대원군은 동물상의 신통력이 왕실을 굳건히 지켜주기를 바랐던 것이다.

경복궁 자리에는 애초 뭐가 있었을까. 결론부터 말하면 경복궁에는 고려 때부터 궁궐(남경궁)이 존재했다. 고려 숙종(재위 1095~1105)은 남경으로의 수도 이전을 꿈꾸고 1099년 남경을 시찰한 데 이어, 1101년에는 남경 궁궐 건설을 위한 관청인 남경개창도감南京開創都監을 설치했다. 《고려사》에 따르면, 2년 8개월의 대공사 끝에 1104년 궁궐이 완공되자 숙종은 궁궐의 중심 전각인 연흥전에서 백관의

경복궁 향원정 연못에서 빨래하는 아낙네들
1906년 무렵, 사진 국립민속박물관

축하를 받았다. 이후 예종과 인종, 의종 등 여러 왕이 남경으로 행
차했고 공민왕과 우왕도 천도 의지를 비쳤으나, 정치적 혼란으로
결국 성사되지 못했다. 이성계는 조선 개국 후 고려의 남경궁궐을
활용해 새로운 궁궐을 열었다. 1394년(태조 3) 실록은 "전조의 숙왕
시대에 경영했던 궁궐터가 좁아 그 남쪽에 새 궁궐터로 삼았다"고
전한다.

　경복궁의 많은 전각 중 국보로 지정된 것은 근정전, 경회루 두
곳이다. 근정전의 '근정勤政'은 '천하의 일은 부지런하면 잘 다스려

진다'는 의미를 담고 있다. 앞면 다섯 칸, 옆면 다섯 칸의 2층 건물이다. 공포貢包(지붕을 받치는 기둥 위 구조)가 기둥 위뿐만 아니라 기둥 사이에도 있는 다포식인데 그 형태가 매우 아름답다. 건물 내부는 아래위가 트인 통층이다. 뒤편 중앙에 어좌가 있고, 어좌 배경으로 일월오악도 병풍이 있다. 천장은 화려한 장식으로 꾸몄다. 근정전 앞마당 좌우에 문무백관의 지위를 표시하는 품계석이 놓여 있고 앞마당에는 차일(햇빛 가리개) 고리가 남아 있다.

경회루는 근정전 서북쪽 연못 안에 세워졌다. '경회慶會'는 '임금과 신하가 덕으로서 서로 만난다'를 뜻한다. 처음에는 작은 규모였지만 1412년(태종 12)에 연못을 넓히면서 크게 신축했다. 성종 때는 경회루를 고치면서 누각의 돌기둥을 용무늬로 화려하게 조각했다. 하지만 고종 때 공사 기간을 줄이기 위해 기둥의 바깥쪽은 사각, 안쪽은 원형으로 간결하게 만들었다.

대원군은 기울어가는 국운을 되살리고자 무리수를 두면서까지 경복궁을 지었다. 그러나 어렵게 중건한 경복궁이 궁궐로서 기능한 것은 겨우 30년에 불과하다. 1895년 명성황후가 시해되는 전대미문의 사건이 경복궁 안에서 벌어졌고, 신변에 위협을 느낀 고종과 왕세자는 경복궁을 떠나 러시아 공사관으로 거처를 옮겨버렸다. 주인을 잃은 경복궁의 운명처럼 조선도 그렇게 저물어갔던 것이다.

혼인으로도 막을 수 없었던 정복 군주

진흥왕 순수비

북한산 비봉碑峰 정상에는 비석 하나가 하늘을 향해 우뚝 솟아 있다. 이 비석은 조선 중기까지만 해도 북한산에서 주로 활동한 무학대사의 이름을 따서 무학대사비로 불렸다. 그러다가 조선 후기에 와서야 이 비석의 실체가 확인된다. 실학자이면서 이조판서와 대제학을 지낸 서유구(1764~1845)가 이곳을 찾았다가 십여 자를 판독해 신라 제25대 진흥왕(재위 540~576)이 서울 일대를 순수巡狩(순행)한 것을 기념해 세운 비석이라는 사실을 처음 밝혀냈다. 이어 금석학의 1인자 추사 김정희가 1817년(순조 17) 추가로 68자를 해독하면서 비석의 가치가 드디어 세상에 드러났다.

진흥왕 순수비는 높이 약 168cm, 너비 약 76cm의 크기다. 비석 상단은 두 동강 나 있다. 1939년 비봉 서쪽 계곡에 굴러 떨어져 있던 것을 발견해 다시 붙여 놓은 자국이다. 왼쪽 아래에도 모서리 부분이 떨어져 나갔다. 일제강점기 초기 찍은 사진에도 모서리가 없는 것으로 볼 때 훨씬 이전에 입은 손상으로 추측된다. 비석을 덮었던 지붕돌은 여태 못 찾고 있다. 한국전쟁 중에는 근처에서 고지전이 빈번히 벌어져 비석 뒷면에는 총탄 상처가 많다. 훼손이 너

북한산 신라 진흥왕 순수비
국보 제3호, 555년(신라 진흥왕 16)
국립중앙박물관

진흥왕 순수비는 우리 문화재의 수난
사를 상징한다. 비석 상단이 두 동강
나 있고 왼쪽 아래 모서리는 떨어져
나갔다. 뒷면에는 무수한 총탄 자국이
발견된다. 1972년 국립중앙박물관
으로 옮겨 보관 중이다.

무 심해 진품은 1972년 국립중앙박물관으로 옮겨졌고 현재 원래
자리에는 복제품이 설치돼 있다.

《삼국사기》는 "555년(진흥왕 16) 겨울 10월 임금이 북한산에 순행
하여 영토의 국경을 정하였다"고 기술한다. 555년이면 22세의 진
흥왕이 '태왕太王'으로 불리며 정복 전쟁을 활발히 펼치던 시기다.
진흥왕은 정복한 영토를 돌아보는 순행을 가장 많이 한 왕으로 꼽
힌다. 그러면서 북한산에서처럼 순행 기념 비석, 즉 진흥왕 순수비
를 곳곳에 세웠다.

일제강점기 진흥왕 순수비 모습
사진 국립중앙박물관

《삼국사기》에 따르면 신라의 정복 군주 진흥왕의 이름은 삼맥종(또는 심맥부)으로, 제23대 법흥왕(재위 514~540)이 후사 없이 죽자 7세에 왕위를 물려받았다. 그는 법흥왕의 동생 김입종(갈문왕)의 아들이다. 나이가 어려 즉위 초에는 지소태후(진흥왕의 어머니)가 섭정했다. 진흥왕은 18세 되던 551년 법흥왕의 연호를 버리고 새로운 연호 '개국開國'을 공표한다. 새 연호의 도입은 황제국임을 공고히 하는 동시에 친정의 시작을 뜻하는 것이었다.

그는 재위 기간에 왕성한 정복 전쟁을 펼쳐 영토를 한강 유역부터 함경도까지 크게 넓혔다. 550년 백제 금현성과 고구려 도살성을 공격해 빼앗았다. 이 전쟁은 그의 친정을 가능케 한 사건이기도

했다. 이듬해 지소태후에게 권력을 물려받자 이번에는 고구려의 10개 군郡을 차지한다.

553년에는 숙적이었던 백제의 동북 변경을 빼앗아 새로운 주를 설치했다. 다급해진 백제 성왕(재위 523~554)은 유화책을 편다. 자신의 딸을 보내 진흥왕과 혼인시킨 것이다. 그러나 진흥왕은 백제의 땅을 돌려주지 않았다. 이에 분개한 백제 태자 창이 군사를 이끌고 신라로 쳐들어갔지만 오히려 관산성(충북 옥천)에서 고립됐다. 성왕이 직접 태자를 구하러 달려갔으나 그도 전투 중 허망하게 죽는다.《일본서기》에 성왕의 최후가 상세히 기록돼 있다. 다음은 그 내용이다. "신라는 성왕이 친히 왔다는 소식을 듣고 나라 안의 모든 군사를 징발해 성왕을 습격해 사로잡았다. 신라는 성왕과 백제에 모욕을 주기 위해 고도苦都라는 노비를 시켜 포로가 된 성왕을 죽이도록 했다. 성왕은 하늘을 우러러 크게 탄식하고 눈물을 흘리며 '구차하게 살 수는 없다'며 머리를 내밀어 칼을 받았다. 고도는 목을 베어 성왕을 죽였고 신라 왕은 성왕의 뼈를 북청 계단 아래 묻었다. 그 관청을 도당都堂(왕이 신료들과 모여 정사를 논하던 월성 내 건물)이라고 한다."

진흥왕은 이어 비사벌(경남 창녕), 비열홀(함경도 안변), 고구려 국원성(충주), 대가야(경북 고령), 남천(경기도 이천), 달홀(강원도 고성)을 차례로 격파했다. 개국 이래 가장 넓은 영역을 확보했던 것이다. 진흥왕은 이렇게 편입시킨 땅에 친히 행차했다. 새로운 백성들에

땅바닥에 쓰러져 있는 함경도 마운령 순수비
일제강점기, 사진 국립중앙박물관

게 자신의 위대함을 알리는 한편 동요하는 민심을 수습해 국경 지역을 안정화하려는 의도였다. 그러면서 변경에 순수비를 설치한다. 555년 세운 북한산 순수비(국보 제3호)를 포함해 561년 건립한 창녕 척경비(국보 제33호), 568년 건립한 북한 지역의 황초령 순수비(북한 국보 제110호) · 마운령 순수비(북한 국보 제111호) 등이 그것이다.

북한산의 순수비는 훼손이 심해, 진흥왕이 친히 북한산을 방문했다는 내용과 왕을 수행한 신하들의 이름, 관등명 정도만 확인된다. 비교적 글자가 온전한 황초령 순수비와 마운령 순수비를 통해 사라진 글자를 분석해보면, 비석에는 진흥왕 본인 업적과 영토를 넓혀 백성과 토지를 얻은 데 대한 자부심을 밝히고 은혜가 미치지 못하는 영토를 왕이 직접 순수해 민심을 위로한다는 내용 등이 담겨 있다. 북한산 순수비에는 없지만 황초령비 등에는 '제帝', '짐朕', '호號(연호)'라는 글자가 있어 신라가 황제국을 표방했음을 보여준다. 《삼국사기》에 '진흥'이 시호라고 적혀 있는데, 이미 생전에 이 칭호를 사용했다는 것도 비석을 통해 알 수 있다.

진흥왕은 확보한 한강 유역으로 중국 남북조 국가와 교류를 활발히 펼쳤다. 549년 양梁나라가 부처 사리를 보내왔고 564년에는 신라에서 북제北齊에 사신을 파견했다. 565년에는 진陳나라 사신 유사劉思와 승려 명관明觀이 1,700여 권의 불경을 갖고 왔으며 이후 신라는 566년, 567년, 568년, 570년, 571년에 진나라에 사신을 보냈다.

문화 분야에도 많은 치적을 남겼다. 544년 흥륜사興輪寺를 완성했고, 545년 거칠부(?~579)를 시켜 국사를 편찬했다. 553년에는 9층 목탑으로 유명한 황룡사를 창건, 574년에는 황룡사의 장륙상丈六像(불상)을 주조했다. 장륙상은 나라의 변고가 있을 때마다 눈물을 흘렸다고 전해진다.

삼국 통일의 기반이 되었던 신라의 화랑도 역시 그의 치세에 탄생했다. 《삼국사기》는 이렇게 전한다. "576년 처음으로 원화(화랑의 전신)를 받들었다. 일찍이 임금과 신하들이 인재를 알아볼 방법이 없어 걱정하다가 사람들 여럿을 모아 함께 놀게 하고 그들의 행동 거지를 살펴본 후 천거하여 쓰고자 하였다. (…) 김대문은《화랑세기花郎世記》에서 '어질고 충성스러운 신하들이 이로부터 나왔고 훌륭한 장수와 용감한 병사가 이로부터 생겼다'고 하였다."

거침없이 질주했던 진흥왕은 삼국을 하나로 통일하는 날을 꿈꿨을지도 모른다. 하지만 재위 36년 만에 죽음을 맞는다. 그의 나이 43세였다. 그의 사후 신라는 고구려와 백제의 협공을 받아 또다시 위기에 처했다. 신라는 위대한 정복 군주가 죽은 지 꼭 100년 만인 676년에야 삼국 통일의 위업을 이룰 수 있었다.

석굴암 본존불은 왜 일본을 바라볼까

석굴암 석굴

"영국인은 인도를 잃어버릴지언정 셰익스피어를 버리지 못하겠다고 한다. 우리에게도 무엇보다 귀중한 보물이 있다. 이 석굴암의 불상이다."(고유섭, '신라의 조각미술', 〈동아일보〉, 1934)

국보 제24호 경주 석굴암 석굴은 우리 문화사에서 독보적 금자탑인 동시에 동양 전체의 건축·조각 예술을 대표하는 불멸의 업적으로 아낌없는 찬사를 받고 있다. 석굴암(원 명칭 석불사)은 잘 알려진 대로 신라의 시중(재상) 김대성(700~774)이 창건했다. 그는 745년부터 750년까지 재상을 지냈고 751년부터 사망할 때까지 23년간 불국사와 석불사 건립을 총괄했다.

석굴암 창건 과정에 관해《삼국유사》〈사중기〉는 "김대성이 왕명으로 불국사와 석불사를 지었으나 완성을 못 보고 죽었다. 그의 사후 국가가 맡아 완성했다"고 썼지만,《삼국유사》〈향전鄕傳〉은 "김대성이 불국사는 현생의 부모, 석불사는 전생의 부모를 위해 세웠다"고 했다.《삼국유사》는 "두 기록이 같지 않으니 어느 것이 옳은지 자세히 알 수 없다"고 한다. 불국사와 석굴암의 규모나 기술 수준을 볼 때 〈사중기〉의 기록처럼 국가사업이었을 것으로 추측한다. 국가가 주도했다면 두 절은 김씨 왕가의 원찰로 건설됐을 것이다.

토함산은 신라의 전략 요충지였다. 왜의 침입으로 고통받았던 신라는 토함산이 있어 동해에 그대로 노출되는 위험을 모면했다. 불국사는 그런 토함산의 서쪽 기슭에 남쪽을 향해 있고, 석굴암은 동쪽 산마루에 동남 방향의 바다를 바라보고 있다. 〈사중기〉와 〈향전〉을 종합할 때 불국사는 현세 김씨 왕족의 영화를, 석불사는 역대 김씨 왕가 선조들의 극락왕생을 기원하며 지어진 것이라고 추론할 수 있다.

신라 시대의 장례나 무덤 양식은 시기별로 구분된다. 통일신라에 오면 시신을 화장해 뿌리는 산골散骨법이 유행했다. 석굴암 바로 앞바다에는 처음으로 화장한 30대 문무왕(재위 661~681)의 해중릉이 있다. 문무왕은 스스로 동해의 용이 돼 왜적을 물리치겠노라고 유언한다. 이후의 왕들도 이를 따라 산골했다. 경덕왕(재위742~765년)의 형인 34대 효성왕(재위 737~742)도 사후 화장돼 동해에 뿌려졌다고 《삼국사기》에 기술돼 있다. 문무왕처럼 동해의 수호신이 되고자 했던 것이다. 문무왕릉 근처에는 문무왕의 아들인 31대 신문왕(재위 681~692)이 완성한 신라 제일의 호국사찰 감은사와 문무왕릉에 제사 지내던 이견대利見臺도 있다. 석불사는 신라의 통일을 마무리해 새 시대를 연 문무왕과 신라 호국용들의 혼이 서린 동해 앞바다가 내려다보이는 곳에 건설됐던 것이다.

석굴암이 조성된 신라 35대 경덕왕의 치세는 통일신라의 전성

흙과 먼지로 오염된
1910년 무렵 석굴암
석가여래좌상(본존불)
사진 국립중앙박물관

기 중 말기에 해당한다. 국내외의 안정과 평화가 지속되고 경제도
번성해 각 방면에서 국력이 최고조에 이른 시기다. 경덕왕은 축적
된 국력과 강력한 통치력으로 신라 미술의 황금기를 열었다. 석굴
암은 물론 불국사, 다보탑, 석가탑, 성덕대왕신종, 문헌으로만 확
인되는 황룡사종, 분황사 여래약사상 등 신라 불교 예술의 정수가
그의 시대에 마구 쏟아졌다.

　석굴암은 인도와 중국에서 꽃피웠던 석굴사원을 모방했지만 조
성 방식은 매우 다르다. 서역에서는 자연적으로 생긴 굴을 이용하
거나 바위를 뚫어 석굴을 만들었지만, 한반도에는 단단한 화강암

산이 많아 서역처럼 석굴을 조성하기는 어려웠다. 석굴암은 석재를 차례로 쌓아올려 인위적으로 내부 공간을 조성한 석굴이다. 석굴암의 구조는 사각형의 전실前室과 원형의 주실主室이 통로로 서로 연결된 형태다. 주실은 원을 숭상하는 인도의 양식을 본받아 만든 돔형으로, 중심에는 본존불(석가여래좌상)이 안치되어 있다. 석굴사원은 불상에 대한 예배와 공양을 전제로 조형된다. 그런 의식이 행해지는 공간이 전실이다.

본존불(높이 3.26m)의 뛰어난 조각 기법과 사실적 표현은 한국 불교 조각의 최고 절정기에, 가장 원숙한 경지의 조각 기술이 총동원됐음을 짐작케 한다. 반쯤 열린 눈, 온화한 눈썹, 자애로운 입과 코, 길게 늘어진 귀, 달팽이 모양으로 감긴 머리카락 등 얼굴은 인자하고 부드러우면서도 감히 침범할 수 없는 위엄을 간직하고 있다. 어깨선, 두 팔과 두 손, 가부좌를 한 두 다리와 무릎 등 신체의 모든 선 어느 한 부분에서도 허점을 찾을 수 없다. 몸에 걸친 옷, 어깨에서부터 오른쪽 옆구리로 자연스럽게 늘어진 엷은 옷자락은 탁월한 기교와 함께 숭고한 종교성을 드러낸다. 불상과 간격을 두고 벽면에 광배光背(부처의 몸에서 나오는 성스러운 빛을 형상화한 것)를 멀리 배치한 것도 이채롭다. 지름 2.24m 크기의 광배는 전실 중앙에 서서 예배할 때 본존상 머리 뒤에서 입체적으로 보이도록 해 부처의 성스러움을 극대화하는 효과를 낸다.

전실과 주실, 통로 벽면에 총 40구의 각종 불상을 조각했으나

석굴암
1910년 무렵, 사진 국립중앙박물관

돔 천장이 파손되고 굴 일부가 붕괴돼
폐허처럼 방치됐다.

지금은 38구만이 남아 있다. 얼굴과 온몸이 화려하게 조각된 십일
면관음보살상, 용맹스러운 인왕상, 위엄 있는 사천왕상, 유연하고
우아한 각종 보살상, 저마다 개성 있는 모습의 나한상까지 모두 뛰
어난 조각이다.

찬란하게 빛났던 석불사는 조선에 와서 불국사에 속한 암자인
석굴암으로 전락하며 구한말 혼란 속에 석굴 일부가 무너지고 천

장도 크게 파손됐다. 그러다가 1909년 경주의 어느 우체부가 참담한 상황의 석굴암을 발견했을 때 일제의 조선통감부(조선총독부)는 새로운 유적이라도 발견한 것처럼 과장해 선전한다. 총독부는 애초 석굴암을 들어내 통째로 경성으로 옮기려고 했지만 돌의 무게가 엄청나 포기했다. 대신 1913~1915년 전면적 수리를 실시한다. 붕괴를 영구적으로 막겠다며 주실 돔형 지붕과 외벽 전체를 1m 두께의 콘크리트로 덮었다.

결과는 참혹했다. 모든 조각상에 곰팡이가 피고 이끼가 시커멓게 꼈다. 물은 콘크리트의 생석회분을 녹인다. 이렇게 생성된 생석회수가 화강암과 접촉하면서 침식작용을 일으켰던 것이다. 시멘트층이 이미 석재들과 한 덩어리로 굳어 떼어내는 것이 불가능했다. 총독부는 재보수에 나섰지만, 조각에 증기를 뿜어 세척하고 솔로 긁어내는 땜질 처방 외에는 방법이 없었다.

광복 후 계속 방치되어 오던 석굴암은 1962~1964년 습기를 막기 위한 전면 중수가 실시됐다. 전실에 목조집을 설치해 외부의 영향을 차단하고 지하수를 배출하는 시설도 설치했다. 주실 지붕의 1차 콘크리트 층 위에 2차 콘크리트 층도 씌웠다.

이때의 중수를 두고 원형 논쟁이 지금까지 지속되고 있다. 일각에서 목조집이 결로를 심화시켰고 1910년 사진에도 집이 보이지 않는다며 철거를 요구한다. 목조집 존치를 주장하는 측에서는 석굴암은 법당인데 예불 공간이 마땅히 있었을 것이라고 맞선다. 바

**석굴암 본존불 무릎에 올라서
기념사진을 찍는 사람들**
일제강점기, 사진 국립중앙박물관

일제강점기 총독부는 석굴암을 중창하기로 결정
한다. 당시 석굴암 상황이 절박하기도 했지만 폐허
가 된 조선의 유적을 재건해 식민통치의 정당성을
만방에 과시할 목적도 있었다.

다에 접한 토함산은 기상이 나쁘기 때문에 건물이 없었다면 전실
과 조각의 보존이 불가능했을 것이라는 주장이다.

　콘크리트 층을 추가로 덮은 것도 비난받는다. 일제가 타설한 시
멘트를 제거하려면 석재에 큰 충격이 불가피했다. 이를 존치시킨 상
태에서 수분 침투를 막는 방법을 찾아야 했다. 궁여지책으로 1차 콘
크리트 층에서 1m가량의 공간을 두고 2차 콘크리트 층을 시공해
야 했다. 콘크리트는 현재 석굴암이 안고 있는 가장 큰 문제이다.
시멘트 완전 철거를 통한 석굴암의 온전한 복원은 미래 세대의 몫
으로 남아 있는 것이다.

전쟁을 이겨낸 국보

한국전쟁의 여파가 채 가시지 않은 1957년부터 이듬해 1958년
까지 미국에서 개최된 〈한국 국보전〉은 최초의 K-컬처로 기록에
남아야 한다. 우리 문화재로는 광복 이후 첫 번째 국외 전시회였다.
전쟁 직후 미국은 하와이 호놀룰루미술관 주관으로 폐허 속에서 지
켜낸 우리나라 문화유산을 소개하는 전시회를 기획한다. 한국의 간
판 전시품을 가리기 위해 국립박물관장 김재원, 서예가 손재형, 화
가 고희동, 언론인 홍종인, 수장가 전형필, 화가 배렴으로 선정위
원회가 꾸려졌다. 불교 조각 등 금속공예 17점, 도자기 108점 등 총
195점이 뽑혔고 유물은 해군 함정에 실려 미국으로 운반되었다.

**부산대에서 진행된
〈한국 국보전〉 전시품 선정 작업**
사진 국립중앙박물관

오른쪽부터 화가 배렴, 수장가 전형필, 서예가 손재형,
언론인 홍종인, 로버트 페인(보스턴미술관 동양부 차장),
국립박물관장 김재원, 화가 고희동 순.

현지 반응은 예상을 뛰어넘었다. 미국인들은 전쟁의 참화 속에서 살아남은 문화재를 구경하려고 몰려들었다. 〈워싱턴포스트The Washington Post〉 1957년 12월 15일자 1면에는 금동미륵반가사유상(국보 제83호)을 배경으로 청자 상감모란문 표주박모양 주전자(국보 제116호)를 들고 있는 김재원 관장의 모습이 실렸다. 그다음 날 〈타임Time〉지에는 한국전쟁 때 국보 수호의 고심담과 함께 주요 출품작이 소개됐다. 뉴욕에서는 개막일에만 1만여 명이 다녀갔다. 전시회는 이듬해까지 미국 8개 도시를 순회하면서 히트를 기록했다.

한국전쟁이라는 대참화 속에서도 국보들이 온전할 수 있었던 것은 많은 사람의 헌신이 있었기에 가능한 일이었다. 전쟁이 발발한 다음 날인 1950년 6월 26일, 사태가 심상치 않게 돌아가고 있음을 간파한 김재원 국립박물관장은 진열장의 유물을 모두 꺼내 포장하여 유물창고에 넣어두라고 지시했다. 유물을 정리하느라 김관장과 최순우, 진홍섭 등 대부분의 박물관 직원이 미처 피란을 가지 못했다. 서울 중앙청에 인공기가 내걸렸고 박물관도 인민군에 접수됐다.

간송 전형필이 세운 보화각(현 간송미술관)에도 공산당이 들이닥쳤다. 보화각에는 《훈민정음 해례본》, 청자 상감운학문 매병, 청자 기린형뚜껑 향로, 신윤복 풍속도 화첩 등 국보가 즐비했다. 북한은 월북화가 이석호를 앞세워 보화각 소장품을 훔쳐 가려고 했다. 박물관 직원 최순우와 서예가 손재형을 차출해 소장품 분류와 포장 일을 시켰는데 둘은 이 핑계 저 핑계를 대면서 시간을 끌었다.

북한은 국립박물관과 덕수궁미술관 유물도 가져가기 위해 포장했지만, 낙동강 전선에서 밀리고 전황이 불리해지면서 유물 수송을 위한 차량을 조달하지 못했다. 그러던 중 9월 25일 새벽 인천상륙작전에 성공한 국군과 연합군이 한강을 건너 서울 시내로 들어

Washington Post
and
Times Herald

SUNDAY, DECEMBER 15, 1957   WTOP Radio (1500) TV (

By Tom Kelley, Staff Photographer.

Korean Art on Display Here

Chewon Kim, director of the National Museum of Korea, holds a celadon wine pot, one of the prized pale-green ceramic wares on display in an exhibition of Korean art masterpieces at the National Gallery of Art. Another treasure on display is a gilt bronze Buddha statue dating from the early 7th Century. The exhibit, being displayed for the first time outside the Far East, will be on view for four weeks. Story in Leslie Judd Portner's "Art in Washington" column, Page E5.

〈워싱턴포스트〉 1957년 12월 15일자
1면에 실린 〈한국 국보전〉 기사

김재원 국립박물관장이 금동미륵반가사유상을
배경으로 청자 주전자를 들고 있다. 한국전쟁의
참화 속에서도 많은 사람들의 헌신적 노력으로
국보를 온전히 지켜낼 수 있었다.

전쟁이 휩쓸고 간 자리에 남아

오자 박물관과 보화각의 공산당들도 다급하게 도주했으며 국보도 무사할 수 있었다.

중공군이 개입하면서 전세가 역전됐고 압록강까지 갔던 미군과 국군이 다시 후퇴했다. 김재원 관장은 이번에는 박물관 유물을 피난시키기로 하고 백낙준 문교부장관의 승인을 요청했다. 박물관 직원들은 중요한 순서대로 8,300점만 190개 상자에 포장했고 큰 유물은 남겨뒀다. 12월 4일 트럭 두 대가 포장된 유물을 서울역으로 옮겼다. 덕수궁미술관 창고의 주요 유물 8,800점이 담긴 155개 상자까지 함께 옮기느라 이 작업은 꼬박 사흘이 소요됐다.

미군이 국립박물관에 할당해준 열차는 한 량뿐이었다. 급한 대로 상자 중 중요한 순으로 83개만 싣고 나머지는 다음에 출발하는 기차로 운반하기로 했다. 당시 철로는 단선이어서 군수물자를 싣고 전방으로 올라가는 상행선을 먼저 통과시켜야 했다. 12월 7일 서울역을 출발한 열차는 나흘 후인 11일에야 부산에 도착할 수 있었다. 유물은 부산에 도착한 후 미국 공보원 창고를 거쳐 광복동의 경남 관재청의 4층짜리 창고로 이전했다. 전형필도 10일 보화각 소장품을 부산으로 이동시켜 영주동의 한 건물에 뒀다. 재차 서울을 점령한 북한은 진열장과 큰 유물고가 모두 비어있는 것을 발견하고 이를 사진으로 찍어 "미국이 문화재를 모두 훔쳐갔다"고

선전했다.

전쟁이 장기화 국면으로 전개되던 1951년 7월 김재원 관장은 박물관 직원들을 소집해 이승만 대통령의 극비 문건을 전했다. 미국 함정편으로 주요 소장품을 하와이 호놀룰루미술관에 피란시키라는 내용이었다. 중공군이 인해전술로 남하한다면 부산도 안전하지 못하다고 판단한 것이다. 1952년 휴전협정이 진행되면서 하와이 이전 계획은 백지화됐다. 부산의 유물들은 전쟁이 끝난 뒤에도 서울로 바로 올라오지 못했다. 진열장을 지을 예산이 없어 수년에 걸쳐 단계적으로 옮겨야 했다.

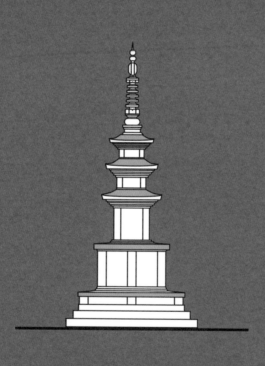

4부

아직도 풀리지 않은
봉인된 수수께끼

경주 김씨는 흉노 왕의 후손일까

신라 금관

"(신라 임금의) 그 신령스러운 근원은 멀리서부터 내려와 화관지후火官之后(중국 순임금)에 창성한 터전을 이었고 높이 세워져 바야흐로 융성하니, 이로부터 지枝가 영이함을 담아낼 수 있었다. 투후 제천지윤祭天之胤(천신족)이 7대를 전하여 (…)"

682년(신문왕 2) 건립된 문무대왕릉비문에 새겨진 김씨의 기원이다. 비문에서 언급한 '투후秺侯'라는 표현에 주목해보자. 투후는 중국《한서漢書》〈김일제전金日磾傳〉에 등장하는 제후의 직책이다.《한서》의 주인공인 김일제(기원전 135~85)는 흉노 휴도왕의 아들이었지만, 한漢나라와의 전투에서 패배하면서 포로가 됐다. 이후 그는 한나라의 무제(재위 기원전 141~87)를 섬겨 김씨 성을 받았고 무제의 아들 소제(재위 기원전 87~74)에게도 충성해 투후에 올랐다. 문무왕릉비는 김씨 왕조가 고대 유라시아의 강자였던 흉노의 왕손이라는 놀라운 이야기를 전한다.

한반도 동쪽 끝의 신라는 지리적 한계로 북방 유목 민족과 교류할 기회가 드물었다. 하지만 김씨 왕조의 등장과 함께 신라에는 유목 민족의 전유물인 '거대무덤'과 그들이 신성시하는 나무·사슴뿔로 꾸민 금관이 집중적으로 나타난다. 왕의 칭호도 북방의 '칸'을 받아들여 '마립간麻立干'으로 바꾼다. 과연 경주 김씨는 정말 흉노 왕의 후손일까.

'출出'자 모양의 나뭇가지가 돋보이는 신라 금관은 현재 총 여섯 점이 있다. 국보 세 점(국보 제87호 금관총 금관, 국보 제188호 천마총 금관, 국보 제191호 황남대총 북분 금관), 보물 두 점(보물 제338호 금령총 금관, 보물 제339호 서봉총 금관), 그리고 1973년 경주시 교동의 폐고분에서 도굴됐다 압수한 교동 금관이 있다.

나무, 사슴뿔, 새 모양의 장식과 수식(드리개), 영락(둥근 장식), 곡옥 등 각종 장식물로 치장한 신라 금관은 화려하면서 예술성도 뛰어나 신라인의 높은 금세공 기술 수준을 잘 보여준다. 이런 금관은 한반도에서 오로지 경주에서만 발견된다. 시기적으로도 4세기 말 갑자기 출현했다가 150여 년이 경과한 6세기 초반에 또 홀연히 사라진다.

제13대 미추 이사금(재위 261~284)이 첫 번째 김씨 왕이지만 김씨 지배가 확립된 것은 100년 뒤인 제17대 내물 마립간(재위 356~402) 부터다. 금관도 내물 마립간을 기점으로 등장한다. 이는 왕호가 '이사금尼師今'에서 '마립간'으로 바뀌는 것과 무관치 않다. 《삼국유사》〈왕력편王曆篇〉은 17대 내물왕부터 22대 지증왕(재위 500~514)까지 여섯 명의 왕을 마립간으로 표기한다. 치아 자국을 의미하는 이사금은 단순히 연장자를 뜻하는 반면, 마립간은 '최고의 칸'이라는

황남대총 북분 금관
국보 제191호, 신라시대, 사진 국립경주박물관

신라 금관은 정교한 세공기술을 자랑한다. 황남대총
북분은 강력한 마립간 시대를 연 내물왕 왕비의 무덤
으로 알려져 있다. 남분은 내물왕의 무덤으로, 여기서
는 청동관이 나왔다. 먼저 사망한 내물왕 때는 금관이
미처 도입되지 않았던 것으로 짐작한다.

의미다. 마립간을 왕의 칭호로 사용하기 시작했다는 것은 절대 권
력의 통치자가 등장했음을 뜻한다.

신라 금관은 멀리 유라시아 초원의 금관을 베낀 것처럼 닮았다.
1978년 아프가니스탄 북부의 틸리야 테페Tillya Tepe 무덤에서 발굴
한 금관은 나뭇가지 세움장식, 새, 영락 등 모티브가 신라 금관과
동일하다. 알타이, 시베리아 등에서 나무와 사슴은 성스러운 상징
이다. 나무는 하늘로 통하는 길이며 사슴은 하늘로 인도하는 전령
사였다. 고대에는 왕이 곧 제사장으로, 신성한 나무와 사슴뿔 장식
은 최고 권력자의 전유물이었다. 여기에 황금이 더해져 금관의 권

**아프가니스탄 틸리야 테페
6호분에서 출토된 금관**
국립아프가니스탄박물관

1세기에 만들어진 이 금관은
신라금관과 비슷하다.

위는 더없이 높아졌다.

신라는 무덤도 '적석목곽분(돌무지덧널무덤)'으로, 평지에 목곽을
만들고 그 안에 관을 넣은 뒤 사람 머리만 한 당돌을 쌓아 봉분을
올렸다. 카자흐스탄 이시크Issyk의 기원전 5~4세기 쿠르간(무덤 유
적)도 이 양식이다. 4세기 후반 백제와 고구려의 무덤은 돌을 계단
식으로 쌓아 정상부에 시신을 안치하는 '적석총(돌무지무덤)'으로,
신라 무덤과는 차이가 있다.

유목민들의 세계관과 무덤 양식은 북방 초원지대에 널리 보급
됐고, 김씨 왕이 다스리는 신라에도 전파됐다. 새롭게 권력을 쥔
김씨들은 귀족과 관료에게 지배 이데올로기를 표방하고 초월적 지
위를 과시하기 위해 김金씨의 정체성을 상징하는 황금과 거대 무덤
을 내세웠다. 《삼국사기》 381년(내물왕 26) 기록도 "시대가 바뀌고

명칭과 이름도 고쳐졌다"며 격변 상황을 전한다.

현전하는 금관의 주인공은 누구일까. 금관은 평지의 대형고분에서 발견됐다. 1921년 경주시 노서동의 한 민가에서 구슬을 발견해 신고했고, 조선총독부는 나흘 만에 조사를 마쳤다. 여기서 처음으로 신라 금관(국보 제87호)이 모습을 드러냈다. 금관 발견에 따라 '금관총'으로 이름이 붙여진 이 무덤에서는 여성 장신구가 많이 출토되어 여성의 무덤으로 짐작한다.

1924년에는 금관총 동쪽의 무덤을 조사했다. 금방울金鈴(금령)이 출토돼 '금령총'으로 불리는 이 무덤에서도 금관(보물 제338호)이 수습됐다. 유물의 크기가 작아 왕자 무덤으로 해석한다. 이후 1926년에는 금관총 서쪽 무덤을 조사했고, 또다시 금관(보물 제339호)을 건졌다. 금관에 봉황 장식이 있고 발굴 당시 이 금관을 스웨덴瑞典(서전) 황태자가 집어 올렸다고 해서 이 무덤을 '서봉총'으로 명명했다. 이 무덤 또한 여성 무덤으로 판단한다.

광복 후 1970년대부터는 우리 손으로 고분조사가 진행됐다. 1973년 4월부터 8월까지 이뤄진 천마총 발굴에서 금관(국보 제188호)과 고신라의 유일한 미술품인 천마도 장니(국보 제207호) 등 1만 1,500여 점의 유물이 출토됐다. 1973~1975년 진행된 황남대총 조사에서는 금관(국보 제191호) 등 5만 8,000여 점의 유물이 쏟아져 나왔다. 황남대총은 북분과 남분으로 이뤄진 쌍분이다. 북분은 많은 양의 금 장신구와 '부인대夫人帶'라는 명문으로 왕비 무덤으로 본다.

서봉총 발굴 현장
사진 국립중앙박물관

일본은 아돌프 구스타프Gustaf VI Adolf 스웨덴 황태자를 경주로 불러
서봉총의 금관을 수습하는 영광을 안겼다.

남분에서는 남성의 상징인 환두대도와 황금 허리띠가 수습됐다.

그런데 특이하게도 왕비 무덤인 북분에서는 금관이, 남성 무덤
인 남분에서는 금동관이 나왔다. 왕은 금관을 부장하는 전통이 채
자리 잡기 전에 사망해 무덤에 금동관을 묻었지만, 왕이 세상을 뜬
뒤 본격적인 금관의 시대가 열리면서 그의 왕비는 금관을 가질 수
있었을 것으로 추측된다. 그렇다면 황남대총 남분에 묻힌 왕은 바
로 첫 번째 마립간, 즉 내물왕이 되는 셈이다.

발굴보고서는 유물 편년과 규모를 근거로 황남대총을 제21대
소지 마립간(재위 479~500)으로 비정하고 있다. 천마총의 경우 마지

막 마립간인 제22대 지증왕으로 적시했다. 천마총에서 발굴된 금관의 완성도가 가장 높고 유물 분석에서의 연대도 5~6세기로 확인됐다.

마립간 시대가 종식되면서 금관은 사라지고 무덤의 양상도 완전히 달라졌다. 불교를 공인하고 율령을 반포한 제23대 법흥왕(재위 514~540) 무덤은 평지가 아닌 산속에 있다. 규모도 줄었고 내부 구조도 돌로 무덤방을 만든 '횡혈식석실분(굴식돌방무덤)'으로 바뀐다. 부장품도 황금 유물이 아닌 토기류가 주를 이룬다. 법으로 다스리는 통치체계가 세워지면서 금관의 권위가 더는 필요 없어졌다. 법과 종교적 장치로서 왕의 권위를 부각시키는 새로운 시대가 열린 것이다.

경주 김씨를 흉노 왕족과 연결시키는 문무대왕릉비문은 김씨계를 미화할 목적으로 꾸민 것이라는 견해가 나온다. 비석에서 김씨 선조와 무관한 화관지후 등 중국 인물을 거론한 것은 김씨 업적을 부풀리기 위함이며, 전혀 다른 김씨 성의 투후를 등장시킨 것도 그런 동기라는 결론이다. 김씨 왕조 초기 신라에서 금관과 적석목곽분이 유행한 것도 김씨 지배체제를 확립하는 수단에 불과하다. 당시로서는 중국보다 접근이 용이한 북방의 통치 이데올로기를 수용했다고 보는 것이 합당할 것이다.

이 엉뚱한 곳에 누가 거탑을 세웠나

탑평리 7층 석탑

충주 도심에서 남한강을 따라 하류로 8㎞가량 내려가면 강변에 웅장한 모습의 '거인 석탑'이 한눈에 들어온다. 높이는 12.86m이지만, 탑이 언덕 위에 세워져 훨씬 거대해 보인다. 이 탑은 통일 신라시대 탑인 충추 탑평리 7층 석탑(국보 제6호)이다. '탑평'이라는 지명도 '탑이 있는 들판'이라는 뜻이다.

부처의 사리를 모신 탑은 일반적으로 사찰 앞마당에 조성한다. 하지만 2008년부터 3차에 걸쳐 탑 주변을 조사했지만, 사찰의 흔적은 발견되지 않았다. 탑평리에 절이 존재했다는 문헌도 남아 있지 않다. 이처럼 절이 아닌 장소에 탑을 쌓은 것은 유례를 찾기 힘들다. 다른 절터에 있던 탑을 이곳으로 이전했거나, 아니면 다른 목적으로 탑을 조성했을 것이다.

역사적으로 충주는 남쪽에서 한강으로 진출하는 길목이자, 반대로 북쪽에서 한강을 통해 남쪽을 공략하는 전략 요충지였다. 삼한시대 마한과 백제는 충주를 주요 근거지로 삼았고, 고구려 장수왕(재위 413~490)은 이곳을 정복하여 국원성國原城이라 불렀다. 신라가 차지한 뒤로는 충주의 중요성이 더욱 커진다. 진흥왕은 이곳을 신라의 행정구역 9주 5소경 중 국원소경國原小京으로 승격시키고 경주의 귀족들을 이주시켰다. 경주에 이은 제2의 수도로 기능했던 것이다. 통일신라는 한발 더 나아가 '국토 중앙의 수도'라는 뜻의 중원경中原京으로 그 명칭을 바꾼다.

화제를 돌려 《삼국사기》〈신라본기〉를 보면, 신라는 제4대 탈해 이사금(재위 57-80) 때 낭자곡성(충주 일대)과 구양성(괴산 일원)에서 백제(한성백제)와 교전을 벌였다는 기록이 있다. 그러나 당시 신라는 경주를 중심으로 한 소국에 불과했다. 경북 의성의 조문국召文國을 복속한 것이 제9대 벌휴 이사금 2년(185)의 일이며 심지어 충청도로 가는 길목인 김천의 감문국을 편입한 것은 제11대 조분 이사금 2년(231)이었다. 탈해 이사금 때 백제와 싸운 국가가 신라이기는 한 걸까.

일부 학자들은 쇠를 잘 다뤘던 김씨 족단이 처음에는 철이 풍부한 충주를 지배했다가 이후 남하해 영주 등을 거쳐 경주에 정착하고, 결국엔 신라의 왕좌를 차지했다는 '충주 김씨의 경주 이주설'을 주장한다. 3세기 백제 고이왕(재위 234~286)은 마한 연맹의 우두머리 국가였던 목지국目支國을 멸망시키면서 경기 남부, 충남 북부를 차지했고, 여세를 몰아 충주까지 압박해왔다. 이를 계기로 김씨 족단이 남쪽으로 이주했을 수 있다. 신라는 박, 석, 김씨가 족단을 이루며 함께 통치했던 국가다. 김씨 족단은 제13대 미추 이사금(재위 261~284) 때 처음으로 왕을 배출했고, 제17대 내물 마립간(재위

탑평리 7층 석탑
국보 제6호, 사진 국립민속박물관

1900년대 초반의 모습이다. 기단 부분이 크게 파손돼 위태로워 보인다. 상륜부도 겨우 걸려 있다. 기단 위 1층에는 참깨로 보이는 곡식을 말리고 있다.

아직도 풀리지 않은 봉인된 수수께끼

356~402) 이후에 독점 지배체제를 확립한다.

만약 김씨가 충주에 기반을 둔 족단이었다면 신라 초기 대對백제전의 궁금증도 자연스럽게 풀린다. 김씨가 신라의 권력을 차지한 후, 혁거세로 시작되는 경주 왕들의 재위 연대를 기준으로 김씨 족단의 충주 시절 동향을 부기附記(두개의 역사를 합침)하는 방식으로 역사를 기술했을 수 있다. 이런 방식은 고대 역사 기술의 보편적 경향이기도 하다.

물론 충주 김씨의 경주 이주설은 가설에 불과하다. 신라 5대 파사 이사금(재위 80~112)의 부인과 6대 지마 이사금(재위 112~134)의 부인이 김씨이다. 김씨 왕비가 배출됐다는 것은 이미 김씨 족단이 이 시기에 신라의 정치 무대에서 막강한 영향력을 행사했다는 것을 의미한다. 자료 부족으로 정확한 내막은 알 수 없지만 신라가 충주를 각별하게 여겼던 것은 분명한 사실이다.

신라는 그런 충주에 거탑을 세웠다. 1982년 충북도에서 발간한 《전설지》에 주민에게 채록한 이 탑의 기원 설화가 서술돼 있다. 기록에 따르면, 신라의 제38대 원성왕(재위 785~798)이 통일신라 영토의 중앙 부위를 설정하고자 남북 국경에서 건장한 남자를 동시에 출발시키니 현재 탑이 있는 위치에서 두 남자가 마주쳤다는 것이다. 이를 표시하기 위해 탑을 세웠다고 하여 '중앙탑'이라 명명했다고 한다. 현재도 주민들은 이 탑을 '탑평리탑'보다는 '중앙탑'으로 주로 호칭한다.

탑의 두 번째 기원설은 신라의 신필 김생(711~?)이 말년에 충주시 금가면 반송마을에 절을 세우고 탑을 건립했다가 풍수설에 의해 탑평리로 옮겼다는 것이다. 김생은 역대 우리나라 서예가 중 최고 명필로 평가받는다. 조선 말 학자인 이규경(1788~?)의《오주연문장전산고五洲衍文長箋散稿》에는 이 절에 관한 언급이 있다.

"나는 지금 충주의 깊은 산골짜기에 살고 있다. 이 지방의 옛날 유명한 인사는 신라시대에 우륵 선인과 임강수가 있는데 그중에도 김생이 가장 유명한 사람이다. 또 김생으로 인하여 생긴 지명으로는 김생면이, 강 이름으로는 김생탄이 있어 지금까지 전해지고 있다. 이른바 김생사의 옛터도 아마 이 부근일 터인데 아는 사람이 없으니 아쉬울 뿐이다."

1981년 김생사 터로 알려진 반송마을 절터에서 '김생필'이라는 명문 와편이 수습되면서 김생사는 탑평리가 아닌 반송마을에 있었던 것으로 판명 났다. 추후 풍수가 좋은 4㎞ 거리의 탑평리로 탑을 이전했다고 주민들은 전한다.

마지막으로 충추의 왕기가 강해 이를 억누르기 위해 거탑을 세웠다는 설이 있다. 통일신라시대 때 경주 송림사 주지가 이곳을 지나다가 강 위에 보라색 안개를 본다. 고을에 웅장한 기운이 넘치는 것을 본 주지는 돌아가 "중원에 왕기가 있다"고 왕에게 고했고 이내 탑을 올렸다는 내용이다.

탑은 통일신라시대 석탑 중 규모가 가장 크고 높다. 기단(탑 받침

일제강점기의 탑평리 7층 석탑   탑 주변으로 민가가 들어서 있다.
사진 국립중앙박물관

대)에서의 기둥조각 배치, 탑신(탑 몸체)의 몸돌과 지붕돌의 짜임 수
법을 볼 때 통일신라 중기인 8세기 후기에 세워진 것으로 평가된
다. 전형적인 통일신라의 3층 양식은 아니다. 2단의 기단 위에 7층
탑신을 올린 형태다. 기단은 각 면마다 여러 개 기둥 모양을 새겨
놓았고 탑신부 역시 모서리마다 기둥 모양을 조각했다. 지붕돌은
네 귀퉁이 끝이 경쾌하게 치켜 올려졌고 지붕돌 밑면에 5단씩 받

침 장식이 곁들여져 미적 감각을 높였다. 상륜부(머리 장식)는 이중으로 포개진 똑같은 모양의 노반석(받침돌)이 복발(그릇모양 장식)과 앙화(꽃 장식)를 받쳐주는 특이한 형태이다.

일제강점기인 1917년 기단이 파손돼 붕괴 위험이 있어 전면적인 해체복원 공사가 진행됐다. 이때 기단부를 시멘트로 보수한 것이 탑 외부의 미관을 해치고 있으며 복원 부위의 부식도 심각하다. 해체복원 당시 6층 몸돌과 기단 밑에서는 은제사리함과 고서류, 구리거울, 목제칠합, 청동합 등이 나왔다. 6층 몸돌에서 발견한 거울은 고려 것으로 밝혀져 탑 조성 이후 고려에 와서 2차 중수, 복원이 있었던 것으로 추측된다.

첨성대 위에 진짜 정자가 있었을까

경주 첨성대

"첨성대에 있는 백구정亭에서 자주 노닐었다. 상층에 대臺의 이름 석 자가 크게 남아 있으니, 설총의 친필로 행한 일이다."

경주 순창 설씨 《세헌편世獻篇》(설씨 가문의 업적을 적은 책)에 나오는 구절이다. 설총은 원효대사(617~686)와 요석 공주 사이에서 태어났으며 이두를 집대성했고 강수(?~692), 최치원(857~908)과 함께 신라의 3대 문장가로 불리는 대학자이다. 그의 정확한 생몰년은 모르지만 태종무열왕(재위 654~661) 대에 출생해 경덕왕(재위 742~765) 대에 사망했다는 기록은 전한다.

설씨 《세헌편》은 천문관측 시설로 알려진 경주 첨성대瞻星臺 위에 백구정이라는 정자가 존재했다는 흥미로운 이야기를 전한다. 심지어 그 정자에 설총이 친필로 쓴 현판이 걸려 있었다고 밝히고 있다.

첨성대 위에 정자 등의 건물이 있었음을 추정할 수 있는 문헌은 설씨 《세헌편》 외에도 다수 발견된다. 조선 중기의 문신 홍적(1549~1591)은 그의 문집 《하의유고荷衣遺稿》에서 "대가 비었으되 반월이고, 각은 없어졌지만 여전히 첨성이네"라고 읊었다. 일본 근대 기상학의 선구자로 일제강점기 통감부 관측소장을 지낸 와다 유지

일제강점기
통감부 관측소장을 지낸
와다 유지의
첨성대 원형 추정도
사진 부산대 장활식 교수 제공

和田雄治는 직접 정자가 있는 첨성대의 원형 추정도를 그리기도 했다.

국보 제31호 경주 첨성대는 신라의 옛 궁궐터인 월성 북쪽의 인왕동에 자리 잡고 있다. 신라 제27대 선덕여왕(재위 632~647) 때인 633년 건설됐다. 첨성대 하면 '현존하는 세계에서 가장 오래된 천문대'이자 '동양에서 가장 오래된 천문대'로 유명하다.

크기는 높이 9.17m, 밑지름 4.93m, 윗지름 2.85m이며, 중간쯤에 남쪽 방향으로 정사각형의 문이 나 있다. 맨 밑에 사각형 기단 2개 층, 그 위에 원통형 몸체 27개 층, 맨 위에 사각형 정자석井字石 2개 층 등 총 31개 층으로 구성된다. 정자석의 각 면은 동서남북을 가리킨다. 몸체 27개 층은 27대 국왕인 선덕여왕을 상징하는 것으로 파악된다. 하지만 이는 첨성대의 개요일 뿐 우리는 아직도 첨성대에 대해 많은 것을 모른다.

첨성대 문에 앉은 사람들
일제강점기, 사진 국립중앙박물관

최초의 첨성대 기록은 《삼국유사》다. 〈기이紀異〉 제1 선덕왕지기
삼사善德王知幾三事편 말미에 "별기別記에는 선덕왕 대에 돌을 다듬어
서 첨성대를 쌓았다고 한다"고 돼 있다. 〈왕력〉 내물 마립간편 끝
에는 "(내물왕의) 능은 점성대占星臺 서남쪽에 있다"고 쓰여 있다.

1454년 발간된 《세종실록》〈지리지〉에는 보다 자세한 내용과
더불어 실측자료도 실려 있다. "당 태종 정관 7년 계사년(633)에 신
라 선덕여왕이 세웠다. 돌을 쌓아 위는 정사각형으로 아래는 둥글
게 만들었다. 높이는 19척 5촌이며, 위의 둘레는 21척 6촌이고 아

래의 둘레는 35척 7촌이다. 그 가운데가 뚫려 있어 사람들이 위로 올라갔다."

문헌을 종합할 때 첨성대가 천문을 살펴보던 기구인 것은 분명해 보인다. 일단 바깥쪽에 사다리를 놓고 올라간 뒤 중간 부분 입구를 통해 들어가 안쪽에서 별을 관측했을 것으로 추측된다. 하지만 그렇더라도 형태가 워낙 기이하다 보니 용도를 두고 논란이 끊이지 않는다. 학설은 백가쟁명 수준이다.

먼저, '우물설'은 첨성대가 석가모니와 박혁거세 등 성스러운 조상의 탄생을 형상화한 조형물이라는 관점이다. 선덕여왕은 최초의 여왕인 만큼 반대 세력이 많았다. 불만을 잠재우기 위해서는 그가 신성한 인물의 후예임을 천명해야만 했다. 신라의 시조 박혁거세가 탄생한 곳이 나정蘿井이라는 우물인 것처럼, 고대인들은 풍요와 생명, 다산을 뜻하는 우물을 신성시했다. 선덕여왕 또한 우물 모양의 첨성대를 통해 자신도 우물 옆에서 태어난 박혁거세의 후계자임을 과시하려 했을 수 있다.

여기에는 불교적 의미도 가미된다. 신라는 왕즉불王卽佛, 즉 왕을 부처와 동일시했다. 선덕여왕은 신성한 박혁거세의 후계자인 동시에 석가모니의 어머니인 마야부인의 자손임을 알리고 싶었다. 그런 목적으로 여왕은 첨성대에 마야부인의 몸을 투영시킨다. 불룩한 아랫부분은 마야부인의 엉덩이이고 중간 창문은 싯다르타(석가의 본명) 태자가 태어난 오른쪽 옆구리라는 견해다.

첨성대 꼭대기에 서 있는 사람들
일제강점기, 사진 국립중앙박물관

우물설은 '우주 우물'로도 확대해석할 수 있다. 신라 왕실은 불교적 유토피아인 도리천(세상의 중심인 수미산 정상의 33천에 존재하는 세계)을 동경했으며 그곳의 왕이자 불법의 수호신인 제석천을 신봉했다. 선덕여왕은 죽음을 맞이해 도리천에 묻어 달라는 유언을 남기기까지 했다. 그런 선덕여왕이 우주 우물인 첨성대를 세워, 살아서는 신라 땅에 제석천이 강림하기를 바라고 죽어서는 자신이 도리천에 환생할 통로로써 이용하려고 했다는 해석이다. 층수를 보더라도 첨성대는 총 31층인데 대지를 1층으로 환산하면 모두 32천이 된다. 첨성대를 거쳐 33천인 도리천으로 올라갈 수 있다는 의미

**경주 첨성대에서 촬영한
고등학교 수학여행 기념사진**
사진 대구교육박물관

지금은 접근을 통제하지만 과거에는
아무나 첨성대에 올라갔다.

가 담겼다.

'불탑설'도 주목받는다. 석가모니가 열반한 후 부처의 사리를 차지하기 위해 주변의 여덟 나라가 무력 충돌할 조짐을 보였다. 중재자가 사리를 팔등분해 각국에 보냈고 이를 모시는 사리탑이 조성됐다. 《불반니원경佛般泥洹經》에서는 사리를 분배받지 못한 나라가 유골을 담았던 병甁을 가져와 병탑을, 재를 가지고 와서 재탑을, 숯을 갖고 와서 숯탑을 세움으로써 11탑이 조성됐다고 설파한다. 이런 불교 경전의 내용을 토대로 첨성대가 병탑이라는 의견이다.

그 밖의 학설로는 태양에 비치는 첨성대의 그림자로 사계절과

24절기를 측정했다는 '규표圭表(빛의 그림자로 태양의 고도를 재는 고대의 기구)설', 신라시대 수학인 주비산경(지름·높이·대각선이 3:4:5인 이상적 비례를 다룬 고대 중국의 서적)이 집약됐다는 '주비산경설', 농업신인 영성靈星을 숭배하던 제단이라는 '영성 제단설', 고대 메소포타미아 문명의 성스러운 탑인 지구라트를 모방했다는 '지구라트설' 등도 제기된다.

첨성대는 우리 고대 건축물 중 유일하게 일체의 재건 또는 복원 없이 원형 그대로의 모습인 것으로 알려져 있다. 이런 통념과는 달리 첨성대에는 붕괴의 흔적이 다수 발견된다. 우선 17층을 기준으로 몸통 상부 석재와 하부 석재의 가공법이 서로 다르다. 하층부 석재는 전부 모가 둥글게 가공됐지만 상층부 석재는 전반적으로 모가 각진 데다 중간 중간 둥근 석재들이 불규칙하게 섞여 있다. 맨 꼭대기인 31층 정자석도 금이 가 있거나 모퉁이가 떨어져 나갔다. 28층에는 분실된 돌이 있고 28층 남쪽 석재들과 27층 서쪽 석재들은 서로 위치가 바뀌었다.

첨성대는 내진기능이 있어 지진피해가 거의 없었을 것으로 추측된다. 피해를 입었다면 불교 유적이 다수 훼손된 13세기 몽골군 침입 때일 것이다. 17층 이하는 대체로 원형을 유지하고 있어 윗부분을 인위적으로 무너뜨렸을지도 모른다. 한 번도 발굴 조사된 바 없는 첨성대 지하와 그 주변을 파보면 첨성대를 둘러싼 수많은 의문점도 풀릴까.

선화공주는 허구의 인물이었나

미륵사지 석탑

"무왕(백제 제30대 왕·재위 600~641)이 부인(신라 선화공주)과 함께 사자사(사자암)에 행차하던 중 용화산(익산 미륵산) 아래 큰 연못가에 이르렀다. 그때 미륵삼존이 연못 속에서 나타나자 왕은 수레를 멈추고 경의를 표하였다. 부인이 왕에게 이곳에 큰 절을 지어달라고 요청하였다. (…) 미륵삼존의 모습을 본떠 만들고 전각과 탑과 회랑을 각각 세 곳에 만들고는 미륵사라 하였다. 진평왕(선화공주 부친·재위 579~632)은 수많은 장인들을 보내어 절을 짓는 일을 돕게 하였으며 지금도 그 절이 남아 있다."

《삼국유사》 무왕조의 기록이다. 익산 미륵사는 우리나라 최대 규모 사찰이었다. 가람배치는 《삼국유사》 언급처럼 백제 사찰의 일반적인 '1탑＋1금당(법당)' 형태가 아닌 '3탑＋3금당'의 독특한 구조이다. 1탑, 1금당을 하나씩 묶어 가운데에 중원이 있고 그 양쪽으로 각각 서원과 동원의 권역이 구성됐다. 이런 구성은 미륵보살이 세 번의 설법으로 중생을 교화한다는 미륵사상을 반영한다.

무왕과 선화공주 설화는 백제 왕자와 신라 공주의 국경을 초월한 사랑 이야기로 널리 알려져 있다. "善化公主主隱(선화 공주님은),

他密只嫁良置古(남몰래 짝을 맞추어 두고), 薯童房乙(마동 서방을), 夜矣
卯乙抱遺去如(밤에 몰래 안으러 간다네)."

무왕이 지었다는 향가 〈서동요〉이다. 신라 제26대 진평왕의 셋
째 딸인 선화공주를 사모한 무왕이 아이들에게 이 노래를 부르도
록 시켜 결국 쫓겨난 공주를 아내로 맞이한다는 이야기가 《삼국유
사》에 실려 있다. 《삼국유사》는 미륵사 창건 일화를 소개하면서 신
라 선화공주가 발원했고 그 아버지 진평왕이 신라의 장인들을 다
수 동원해 세웠다는 것을 분명히 한다.

그러나 미륵사 건립자가 다른 사람이라는 명문이 출토되면서
혼란이 생겼다. 2009년 1월 미륵사지 석탑(서원의 탑 즉, 미륵사지 서
탑·국보 제11호)의 해체조사 과정 중 탑신 1층 심주(중앙 기둥)에서 발
원자와 발원 내용을 새긴 금제사리봉영기가 나왔다. "백제왕후는
좌평 사택적덕의 딸로서 삼가 깨끗한 재물을 희사하여 가람(미륵
사)을 세우시고 기해년(639) 1월 29일에 사리를 받들어 맞이하셨다.
세세토록 공양하고 영원토록 다함이 없어서 우러러 대왕폐하의 수
명이 견고하고 왕위가 천지와 함께 영구하도록 하소서."

봉영기는 가람을 세운 사람이 다름 아닌 사택왕후이고 그 해가
639년(무왕 40)이라고 전한다. 639년은 무왕 사망 2년 전이다. 사택
씨는 성왕의 사비(부여) 천도를 도운 백제 말기 최고 귀족 가문이
다. 중세적 사실주의를 추구한 김부식의 《삼국사기》에도 선화공주
는 등장하지 않는다. 선화공주는 허구의 인물이란 말인가.

미륵사 모형도
사진 국립문화재연구소

우리나라 최대 규모 사찰로 서쪽부터 서원, 중원, 동원이 배치됐다.
국보 제11호 익산 미륵사지 석탑은 서원의 탑이다. 사찰 중앙의 탑은
목탑이었을 것으로 추정한다.

사실 무왕부터가 미스터리한 인물이다. 26대 성왕(재위 523~554)
이 신라군과의 전투에서 사망하면서 백제는 급격히 국력이 쇠약
해진다. 왕의 권위도 땅바닥에 떨어져 성왕의 장남 위덕왕(재위
554~598)에 이어 성왕의 차남인 혜왕(재위 598~599), 아버지를 모르
는 법왕(재위 599~600)이 차례로 정변에 희생되는 비상사태가 발생
한다. 무왕은 이러한 극심한 정치적 혼란 속에 왕위를 물려받았다.
《삼국사기》는 "법왕의 아들"이라고, 《삼국유사》는 "어머니가 용과
정을 통하여 무왕을 낳았다"고 했다. 무왕은 법왕이 왕자 시절 익

산에 들렀다가 신분이 낮은 여인과 외도로 낳은 아들일 수 있다. 백제의 귀족들은 자신들의 구미에 맞는 후계자를 물색했고 익산에서 궁핍하게 살던 무왕을 찾아냈던 것은 아닐까.

'선화공주 실존설'을 주장하는 측에서는 무왕은 왕비가 여러 명이었으며 선화공주가 먼저 미륵사를 세웠고 사택왕후가 후일 미륵사 서탑을 건립한 것으로 이해한다. 이들은 미륵사터에서 집중적으로 출토된 정해(627)명 기와를 근거로, 미륵사 최초 창건이 627년이며 미륵사 서탑이 완공된 것은 이보다 12년이 늦은 639년이라고 본다. 발굴을 통해서도 중원 건설이 먼저 시작되고 추후에 서원이 지어진 흔적이 확인됐다.

미륵사지 서탑의 양식도 시대 전후를 가늠하는 요소다. 황룡사 9층 목탑처럼 우리나라 탑은 원래 재질이 나무였으며 크기도 초대형이었다. 목탑은 불에 취약하기에 돌을 다루는 기술이 발달하면서 자연스럽게 석탑이 목탑을 대체해 갔다. 미륵사지 석탑의 경우 목탑 형식으로 쌓은 돌탑이다. 목탑에서 석탑으로 전개되는 탑 양식의 과도기적 양상으로 이해된다.

선화공주가 조성한 중원탑의 경우 거대한 목탑이었을 것으로 추측된다. 이후 석탑으로 변화하는 전환기에 사택왕후가 목탑의 형식을 빌린 석탑, 즉 미륵사지 석탑을 중심으로 한 서원을 조성했을 것이라는 추론이 가능하다. 동원은 서원 다음에 지어져 동원의 탑은 완전한 석탑 형식을 갖추고 있었을 것이다.

1910년의 미륵사지 석탑　　　석탑이 벼락을 맞아 간신히 버티고 서 있다.
《조선고적도보》(1916)

　　미륵사 서탑은 무너지고 재건되기를 반복했다. 《삼국사기》는 "신라 성덕왕 18년(719) 9월에 금마군 미륵사에 지진이 일어났다"고 했다. 이때 탑도 피해를 입었을 것이다. 결정적으로 탑은 벼락에 의해 무너졌다. 1756년 《금마지金馬志》는 "기록을 살펴보면 성덕왕 29년(730) 6월에 벼락으로 탑이 허물어졌다"고 기술한다.

　　미륵사탑은 후백제 때 재차 건립된다. 승려 혜거국사惠居國師(899~974) 비문에서는 "922년 여름 미륵사 탑을 일으켜 세웠다"고 밝힌다. 17세기에도 벼락을 맞았다. 1738년 쓰인 《와유록臥遊錄》은 "100년 전 벼락이 떨어져 그 절반이 허물어졌다"고 했다.

수리 전 미륵사지 석탑
사진 국립문화재연구소

일제강점기 185톤의 콘크리트를 타설해 보수했다.

무왕은 얼떨결에 왕이 됐지만 정치를 안정화하고 국가를 위기에서 구한다. 재위 기간 내내 신라에 빼앗긴 영토를 되찾기 위해 노력했고 고구려와도 대등하게 맞서 싸웠다. 중국과 긴밀한 외교 관계를 유지해 수와 당에 사신을 파견하고 왜와 교류를 확대해 천문, 지리 등의 서적과 불교를 전했다.

석탑은 백제에서 가장 빨리 발전했다. 어쩌면 국내 '제1호 석탑'일지도 모르는 미륵사지 석탑은 2001년부터 2019년까지, 18년간

수리 후 미륵사지 석탑
사진 국립문화재연구소

석재에 달라붙은 콘크리트를 제거하느라 18년이 소요됐다.

의 보수공사를 통해 새로운 모습을 찾았다. 일제강점기에 수리하면서 타설한 185톤의 시멘트를 제거하는 데 오랜 시간이 걸렸다. 탑은 이제 안전해졌겠지만 탑이 갖고 있던 고색의 정취가 사라져 버린 것은 아쉽다.

고유섭, 국보 연구의 선각자

"창조는 전통 위에서 이루어진다. 역사는 생활의 잔해가 아니라 창조의 온상이며 고적은 한낱 조박糟粕(술 찌꺼기)이 아니라 역사의 상징, 전통의 현현顯現(발현)인 것이다."

한국 미술사의 선각자 우현 고유섭(1905~1944)의 대표작인《송도 고적》(1946)의 서문에 실린 글귀다. 이 책은 그의 생전에 조판 됐지만, 일제의 방해로 고유섭은 끝내 인쇄본을 받아들지 못한 채 눈을 감아야만 했다. 책은 제자 황수영이 해방 직후 펴냈다.

구한말 이후 조선의 역사 유적과 미술 문화재의 학술조사·연구는 일본인 전문가와 학자가 독차지했다. 침략을 정당화하는 식민

**개성부립박물관장 시절
한복 차림의 고유섭**
유족 소장

정책의 일환으로 일본은 막대한 예산과 인원을 동원해 우리 고적
과 유물을 집중 조사했다. 조선인은 그 누구도 관심을 두지 않던
분야였고 엄두도 못 내던 황무지였다. 문화유산은 민족 정신의 징
표이자 민족의 자부심이다. 고유섭은 독학으로 아무도 가지 않던
조선 유물과 문화 연구에 뛰어들었다.

그는 일본이 조선의 외교권을 박탈한 을사늑약이 체결되던 해
에 출생해 해방 1년 전 40세의 젊은 나이로 사망했다. 우리 민족의

가장 불행한 시기에 짧은 삶을 살았지만, 그는 기적에 가까운 연구 업적을 통해 전인미답의 한국 미술사를 개척하고 완성했다.

고유섭은 소년기를 인천에서 보내고 서울로 유학 와 1925년 보성고보를 졸업했다. 이후 경성제국대학 법문학부에 입학하여 미학·미술사학을 전공했다. 경성제국대학에서 미학을 전공한 사람은 광복 때까지도 그가 유일했다.

개성에서 인생의 전기가 마련된다. 부유하고 개방적이었던 개성은 배일 기질이 매우 강했다. 1930년대 초 개성 유지 모임인 개성보승회에서는 개성의 자랑스러운 역사와 유적을 보존하고 알리고자 개성부립박물관 설립을 추진한다. 세계 대공황의 여파에도 넉 달 만에 기와집 30채 값을 모금했다. 개성보승회는 개성 자남산 기슭에 건물을 짓기 시작해 1931년 10월 100평 남짓한 본관과 사무동, 관사를 완공한다. 건물은 개성부에 기증했고, 11월 5일 박물관을 개관했다.

박봉의 관장직을 하겠다는 지원자가 없어 개점휴업이 지속되던 1933년의 어느 날, 29세의 젊은 학자가 관장으로 오겠다는 의사를 밝힌다. 대학 졸업 후 유적지를 답사하며 홀로 조선 미술사를 공부하던 고유섭이다.

고유섭은 관장 부임 이후 유일한 조선인 학자로서 다른 나라와

개성부립박물관
사진 수원광교박물관

구별되는 한국 고유의 미를 찾는 데 몰두했다. 〈진단학보〉를 비롯한 학회지와 신문·잡지에 약 150편의 연구논문, 유적조사, 답사기, 연구여담, 화가론, 시평, 해설, 수필 등 방대한 저작을 쏟아냈다. 그 외 캐비닛 하나를 가득 채울 만한 분량의 미발표 유고 뭉치와 조사 노트도 남겼다. 이를 제자 황수영이 보관했다가 해방 직후부터 《송도고적》을 시작으로 《조선탑파의 연구》(1948), 《조선 미술 문화사 논총》(1949), 《고려청자》(1954), 《전별의 병》(1958), 《한국 미술사 및 미학논고》(1963), 《조선화론집성》(1965) 등을 순차적으로 출판했다.

고유섭의 말년 모습
사진 부산근대역사관

한국 문화재 연구와 박물관 역사의 태동으
로 불리는 우현 고유섭의 말년 모습. 병색이
완연하다.

　고유섭은 석탑과 불교 조각 등 불교 미술을 연구해 시대별 양식
의 변화와 특징을 처음으로 정리했다. 한국 회화사를 학술적으로
집대성했으며, 고려청자를 중심으로 한 도자기 이론도 체계화했
다. 열정적으로 연구에 매진하던 고유섭은 1944년 급성간경화로
쓰러졌다. 그 전에도 병석에 누웠지만 곧 회복했었다. 하지만 이번
에는 그러질 못했다. "기도나 하라"고 농담을 건네던 그는 봄꽃이

만발하던 4월 26일 타계했다.

고유섭은 민족문화재 재인식과 민족적인 미술사 연구의 필요성을 강조했다. 또한 그는 끊임없이 현장을 찾아 실물을 확인하고 문헌을 통해 보충하는 실증적 연구를 실천했다. 춘원 이광수는 역사소설을 쓸 때 고증을 위해 고유섭과 함께 답사를 다니곤 했다.

이러한 그의 학문적 태도에 감명받은 열렬한 후계자들이 등장했다. 혜곡 최순우, 황수영, 진홍섭 등 세 명의 젊은 학도들이었다. 1934년 송도고보 졸업반이던 최순우는 우연한 기회에 박물관을 찾았다가 그의 학문관을 듣고 제일 먼저 제자가 됐다. 1940년대 초반 각각 도쿄제국대학 경제학부와 메이지대학 정경학부를 졸업하고 고향에 돌아와 교편을 잡고 있던 황수영과 진홍섭이 합류했다.

스승의 사후 학도들은 한국 미술사의 전문가로 활약하면서 학계의 중심 역할을 했고, 그들 밑에서 숱한 3세대 학도들이 배출되면서 한국 미술사학계의 근간을 형성했다. 고유섭은 인천 출신이지만 이들 셋은 모두 개성 출생이다. 세인들은 그런 고유섭 제자 세 명을 특별히 '개성학파 3인방', '개성 3걸'이라 불렀다.

5부

희비애환
인간사를 담다

인도 승려가 병든 모친 위해 쌓은 미인탑

화엄사 석탑

국보 제35호 화엄사 4사자 3층 석탑은 이색적인 형태와 사실감 넘치는 조각수법의 수작 탑이다. 신라시대 사자탑으로는 유일하며 다보탑과 함께 한국 이형異形 석탑의 쌍벽을 이룬다. 탑에는 인도 승려의 절절한 효행설화가 담겨있다.

탑이 있는 구례 화엄사는 호남 제일의 사찰이다.《화엄사사적華嚴寺事蹟》에서는 "진흥왕 5년(544) 인도 출신 승려 연기조사(생몰년 미상)가 화엄사를 세웠다"고 기술한다. 1978년에 발견된 '신라백지묵서대방광불화엄경新羅白紙墨書大方廣佛華嚴經'은 연기조사가 황룡사 승려로 경덕왕(재위 742~765) 때 사람이라고 밝히고 있다. 연기조사는 인도인이 아닌 신라인이며 화엄사 창건연대도 진흥왕 때가 아닌 경덕왕 때라는 것이다. 어쨌든 불경을 가지고 비구니인 모친과 함께 화엄사가 자리한 지리산 황둔골에 들어온 그는 마을 사람들의 질병을 치유하고 불법을 가르치면서 어머니를 극진히 모셨다. 마을 사람들은 조사에게 감동받아 신도가 됐고 화엄사를 짓는 일도 도왔다.

높이 6.7m인 화엄사 석탑은 마주 놓인 높이 2.8m짜리 석등과

구례 화엄사 4사자 3층 석탑
국보 제35호, 통일신라시대
사진 문화재청

화엄사 석탑은 불국사 다보탑과 함께
한국의 이형 석탑으로 쌍벽을 이룬다.
효심 깊은 인도 승려와 병든 어머니의
전설이 깃들어 있다.

한 쌍이다. 석탑 중앙에는 사자들에 에워싸인 비구니상이 합장한
채 서 있다. 이 비구니는 연기조사의 어머니이다. 석탑 아래층 기
단의 각 면에는 악기와 꽃을 들고 춤추며 찬미하는 모습의 천인상
이 새겨졌다. 석탑 바로 옆 석등에는 탑을 향해 꿇어앉은 스님상이
있다. 석등을 이고 어머니께 차를 공양하는 연기조사의 지극한 효
성을 표현했다. 두 석조물에는 조사의 효심과 불심이 혼연일체가
돼 스며 있는 것이다.

탑의 위층 기단에는 암수 사자 네 마리를 각 모퉁이에 기둥 삼

구례 화엄사 4사자 3층 석탑 앞 석등
사진 문화재청

인도 출신의 승려 연기조사는 병든 어머니를
수발했다. 석등은 그런 연기조사가 무릎을 꿇은
모습을 표현했다.

아 세워놓았다. 이 사자들은 모두 앞을 바라보며 입을 벌린 채 날
카로운 이빨을 드러내고 있다. 석탑의 제작 시기는 통일신라 전성
기인 8세기 중엽으로 추정된다.

　탑은 부처 사리를 봉안하는 묘이다. 나무, 금속, 벽돌, 석재 등
다양한 재료로 탑을 만들었는데 우리나라는 특히 화강암이 풍부
해 석탑이 성행했다. 전형적인 석탑은 경주 불국사 3층 석탑(국보
제21호), 황복사지 3층 석탑(국보 제37호), 고선사지 3층 석탑(국보 제
38호), 감은사지 동·서 3층 석탑(국보 제112호), 나원리 5층 석탑(국보

제39호)처럼 방형(4각형) 평면의 기단에 중층(3층 또는 5층 높이)의 몸돌·지붕, 상륜부의 구조를 한다. 이런 모양의 석탑은 통일신라시대 초기인 7세기 후반부터 8세기 중엽에 집중적으로 나타난다. 목조건축을 모방한 백제의 조탑 기술이 반영된 것으로, 백제 기술을 수용했던 통일신라 때 형성되어 한국 석탑의 주류를 이뤘다.

신라 성대인 8세기 중엽 이후에 오면 양상이 바뀐다. 귀족 문화가 절정을 맞고 사치와 향락풍조가 극에 달하면서 문화 전반에 걸쳐 화려함과 장식적 요소가 두드러진다. 석탑에서도 종전 형식에 얽매이지 않는 자유로운 구조의 이형 석탑이 출현하게 된다.

이형 석탑은 크게 두 가지 형태가 있다. 첫째는 장식적인 석탑이다. 석탑 형태는 전형적인 방형 중층의 기본형을 하고 있지만, 기단과 탑신부 각 면에 천인상, 안상(눈 모양 장식), 팔부신중(불법을 수호하는 여덟 신), 십이지신상, 사방불(동서남북으로 새긴 부처), 보살상, 인왕상(사찰이나 불상을 지키는 수호신) 등 여러 상을 조각해 표면 장식이 화려한 게 특징이다. 이 부류의 탑으로 남원 실상사 백장암 3층 석탑(국보 제10호), 산청 범학리 3층 석탑(국보 제105호), 양양 진전사지 3층 석탑(국보 제122호) 등이 있다.

장식 석탑 중에서는 남원 실상사 백장암 3층 석탑이 제일 두드러진다. 지리산 천왕봉 서편에 위치한 실상사는 통일신라시대 828년(흥덕왕 3)에 승려 홍척이 당나라 유학을 다녀와 건립했다. 실상사에서 북쪽으로 3㎞ 남짓 떨어진 곳에 백장암이 있다. 백장암 3층

남원 실상사 백장암 3층 석탑
국보 제10호, 통일신라시대(9세기)
사진 문화재청

석탑은 높이 5m로 탑신에서 지붕에 이르기까지 보살상, 신장상, 천인좌상, 삼존상, 연꽃무늬 등 갖가지 모습들의 화려한 조각으로 가득하다. 일반적인 탑은 위로 올라갈수록 각 층의 너비와 높이가 줄어드는 데 비해 이 탑은 거의 일정하다. 지붕돌의 받침도 당시 수법에서 벗어나 층을 이루지 않고 한 단으로 처리돼 있다. 날렵함 이 부각된 매우 염려한 석탑이다.

둘째는 탑 구조나 건축 방법이 전형적 양식에서 완전히 벗어나 외관상으로 특이한 형태를 보이는 석탑이다. 형상과 층수를 두고 여전히 논란이 분분한 경주 불국사 다보탑과 경주 정혜사지 13층

경주 정혜사지 13층 석탑
국보 제40호, 통일신라시대
《조선고적도보》(1916) 4권

정혜사지 석탑은 1911년 도굴로 해체
됐다가 복원됐다. 도굴범들이 땅에 버
려둔 탑재를 되돌려 놓지 못해 10층까
지만 새로 쌓았다.

석탑(국보 제40호), 화엄사 4사자 3층 석탑 등이 여기에 속한다.

경주시 정혜사지 13층 석탑(높이 5.9m)은 탑의 형태가 파격적이
다. 비대한 1층에 비해 2층 이상에서는 그 크기가 급격하게 줄어
들고 있다. 전례를 찾을 수 없는 실험성과 높은 완성도는 독특한
아름다움을 느끼게 한다. 13층이라는 탑의 층수에는 불교의 사상
이 반영됐다. 불교에서는 13이라는 숫자가 완전성을 의미한다. 평
면을 뜻하는 8방에 하늘과 땅을 더하면 10방의 세계, 즉 온 우주가
되며, 여기에 과거, 현재, 미래라는 시간의 3세를 합하면 13이라는

숫자가 나온다.

정혜사는 뜻밖에도 동방 5현 중 한 명인 회재 이언적(1491~1553)과 인연이 깊다. 회재는 젊은 시절 정혜사에 들어가 학문을 닦았으며 말년에는 이 절 바로 밑에 독락당을 짓고 기거했다. 정혜사에서 800m 정도 떨어진 하류에 회재 사당인 옥산서원이 위치한다. 옥산서원은 국보 제322-1호《삼국사기》가 보관돼 있는 곳으로 유명하다.

사찰은 회재를 비롯한 여러 문인들의 공부방으로 쓰이면서 조선시대에도 잘 보존됐지만, 1834년 발생한 화재로 탑을 제외한 모든 건물이 불타 폐사됐다. 탑도 시련을 겪었다. 1911년 도굴범들이 부장품을 훔치기 위해 탑을 해체했다. 다행히 도중에 발각돼 도굴 위기는 모면하지만, 탑은 계속 해체 상태로 방치됐다. 이후 다시 복원됐지만 도둑들이 버려놓은 탑재를 원상으로 복구하지 못해 10층 탑으로 남았다. 1916년 발간된《조선고적도보》4권에도 10층 탑 모습이 실려 있다. 국립중앙박물관 소장 1919년 사진 자료에는 13층으로 회복돼 있다. 그 몇 년 사이 탑을 재차 쌓은 것이다. 그러나 탑 상륜부는 영영 잃어버렸다.

지고지순한 사랑으로 완성한 사찰

부석사 무량수전

한국 불교 사상의 큰 줄기인 화엄종은 "삼라만상은 일체가 되어 융합하므로 번뇌가 곧 깨닮음이요, 생사가 곧 열반"이라고 가르친다. 화엄사상은 신라 의상대사(625~702)가 중국에서 공식 들여왔다.

　　중국 송대의 승려인 찬녕(919~1002)은 《송고승전宋高僧傳》에서 한국 화엄종의 시조인 의상 등 신라 승려 아홉 명의 전기를 소개하는데, 여기에 이 의상대사와 관련한 기이한 설화가 실려 있다. 이에 따르면, 당나라 유학을 떠난 의상은 산동성 등주의 한 신도의 집에 잠시 머물렀다. 그 집의 딸 선묘善妙가 의상을 짝사랑하였지만, 이미 부처에게 몸과 마음을 바친 의상의 뜻을 되돌릴 수는 없었다. 깨달음을 얻기 위해 의상은 그녀와 이별하고 당나라 수도 장안 종남산의 지상사를 찾아간다. 의상은 화엄종의 제2조인 지엄(602~668)에게 7년간 화엄학을 배웠고, 선묘는 법복을 정성스럽게 지으며 의상과의 재회를 기다렸다.

　　귀국 길에 의상은 선묘를 찾았으나 운명이 엇갈려 둘은 끝내 재회하지 못한다. 뒤늦게 소식을 들은 선묘가 의상에게 줄 법복을 들고 포구로 달려갔지만 야속하게도 배는 떠나버렸다. 선묘는 "이 몸

의상대사 진영
15세기 추정, 일본 고잔지

부석사를 창건한 의상대사. 1206년
고잔지高山寺를 창건한 일본 승려 묘
에는 의상과 원효의 구도행을 글과
그림으로 묘사한 화엄종 조사회전을
조성했다. 이 절에는 의상과 원효의
진영도 모셔져 있다.

이 용이 되어 저 배를 따라가 지키고 저 나라에 가서 스님의 불법이 이루어지도록 돕게 해주소서"라고 외치고는 바다에 투신했다.

고국에 무사히 도착한 의상은 화엄정신을 펼칠 도량터를 찾아 전국을 누비다가 경북 영주의 태백산 기슭에 이르러 마땅한 장소를 찾아냈다. 하지만 이단의 무리가 먼저 자리를 차지해 불사를 방해하기 시작했다. 이때 용으로 변한 선묘가 나타나 거대한 바위를 공중으로 띄워 이교도들을 겁 줘 내쫓았다. 의상이 676년(문무왕 16) 그곳에 절을 세우니 곧 부석사다. 뜬 바위, 즉 부석浮石이라는 사찰명은 이 선묘설화에서 유

의상대사를 사모했던 선묘 상
가마쿠라시대(1185~1333), 일본 고잔지

래한다. 지금도 선묘가 던졌다는 바위가 부석사 본전인 무량수전 서쪽 암벽에 남아 있다. 의상은 부석사를 화엄종의 종찰宗刹(중심 사찰)로 삼고 그의 생전에만 10명의 고승·대덕과 3,000명의 제자를 배출했다.

의상은 원효와 함께 신라불교의 전성기를 열었다. 《삼국유사》
〈의해편義解篇〉'의상전교'에 의하면, 그는 성이 김씨(《송고승전》은 박
씨로 기술)이고 29세에 황복사(경주시 구황동)에서 출가해 650년 당나
라 사신을 따라 중국으로 건너갔다. 처음 양주(강소성 중부의 도시)에
도착해 그곳의 장수 유지인의 요청으로 관청에 머무르다가 얼마
후 지장사를 찾아가 지엄을 만난다.

지엄은 전날 밤 해동의 큰 나무에서 가지와 잎이 퍼져 중국을
덮고 그 가지 위의 봉황 둥지에서 여의주 빛이 먼 곳까지 비치는
꿈을 꿨다. 지엄은 "꿈은 그대가 올 징조였다"며 극진한 예로 의상
을 맞아 제자로 받아들였다. 의상은 공부에 매진해 화엄경의 미묘
한 뜻을 깊은 부분까지 깨달아 이내 스승을 능가하는 승려가 된다.

그러는 사이 당 고종(재위 649~683)은 군사를 일으켜 신라를 공
격하려 했다. 당나라에 갇혀 있던 승상 김흠순(김유신의 동생)이 의
상에게 귀국을 권하니, 670년 신라로 돌아와 조정에 이 사실을 알
려 국난을 막았다. 의상은 태백산 부석사와 원주 비마라사, 가야산
해인사, 비슬산 옥천사, 금정산 범어사 등 열 곳의 사찰(화엄십찰)
을 열어 교리를 전했다.

《삼국유사》〈탑상편塔像篇〉'전후소장사리前後所藏舍利'에 언급된
최치원의 〈부석본비浮石本碑〉에는 의상의 생몰년 등이 구체적이다.
"625년에 태어나 어린 나이에 출가했다. 650년에 원효와 당나라에
가려고 고구려까지 갔다가 되돌아왔고, 661년에 당나라에 들어가

영주 부석사 무량수전
국보 제18호, 1376년(우왕 2), 사진 문화재청

무량수전은 비례미의 백미로 불린다.

지엄에게 배웠다. 668년 지엄이 죽자 671년에 의상이 신라로 돌아
왔고 702년에 세상을 떠났으니 78세였다"고 밝힌다.

　의상과 선묘의 애틋한 전설이 깃든 부석사는 창건된 이래 수차
례 다시 지어지고 고쳐졌다. 법당인 무량수전無量壽殿(서방 극락정토를
다스리는 부처를 모신 건물)은 1016년(고려 현종 7) 중창됐으나 1358년
(공민왕 7) 불타 1376년(우왕 2) 새로 건립했다. 의상의 사당인 조사
당은 1377년 재건됐고, 일제강점기인 1916년에는 무량수전의 해
체수리 공사가 진행됐다. 따라서 현재 무량수전은 고려 말 우왕(재

간결미가 돋보이는 무량수전 주심포
사진 문화재청

위 1374~1388) 때의 건물이다.

부석사 경내에는 귀중한 문화재가 널렸다. 무량수전(국보 제18호), 소조여래좌상(국보 제45호), 무량수전 앞 석등(국보 제17호), 조사당(국보 제19호), 조사당 벽화(국보 제46호) 등 국보만 다섯 점이다. 배가 불룩한 '배흘림기둥'으로 유명한 무량수전은 한국미를 대표하는 문화재라는 찬사를 받는다. 고려 말 재건립된 이후 지금까지 원형을 잘 유지해 안동 봉정사 극락전(국보 제15호)과 함께 우리나라에서 가장 오래되고 아름다운 목조건축물로 널리 알려져 왔다. 봉정사 극락전이 한국 건축의 구조미를 잘 보여준다면, 무량수전은 한국 건축 비례미의 백미라는 평가를 받는다. 건축물의 완성도 면에서는 무량수전이 한 수 위인 셈이다.

규모는 앞면 다섯 칸, 옆면 세 칸이다. 기둥, 지붕, 공포(처마의 하중을 지탱하는 결구부재), 문창살, 문지방 등 각 부분은 장식적 요소를 최소화해 간결하지만 건물 전체의 조화를 극대화하고 있다. 주심포(지붕의 무게를 기둥에 전달하는 부분)는 역학적이면서 기능에 충실한 기본 수법을 가장 잘 간직하고 있다.

배흘림기둥도 무량수전의 주요 특징 중 하나이다. 일자 기둥은 멀리서 보면 안쪽으로 굽어져 보인다. 배흘림은 이 같은 착시 현상을 방지해 건물을 안정적으로 느껴지게 했다. 무량수전은 주변 자연과도 하나로 어울린다. 최순우는 《무량수전 배흘림기둥에 기대서서》(학고재, 1994)에서 "먼 산을 바라보면 산 뒤에 또 산, 그 뒤에 또 산마루, 눈길이 가는 데까지 그림보다 더 곱게 겹쳐진 능선들이 모두 이 무량수전을 향해 마련된 듯 싶어진다"고 했다.

국보 제45호 소조여래좌상은 무량수전에 봉안된 불상이다. 소조불상은 흙을 빚어 금칠을 한 것으로, 우리나라 소조불상 가운데 가장 크고(높이 2.78m) 오래됐다. 부석사에 있는 원융국사탑비 비문에 아미타불을 조성해 모셨다는 기록으로 미뤄 이 불상은 아미타불이 확실하다. 아미타불은 서방의 극락세계를 주관하는 부처로, 중생들에게 무한한 수명과 극락왕생의 길을 제시한다. 불상은 정면이 아닌 오른쪽을 향해 놓여 있다.

영주 부석사 소조여래좌상
국보 제45호, 고려시대, 사진 문화재청

통일신라시대 불상 양식을 계승해 고려시대 제작
됐다. 흙으로 만든 소조불이다. 이 불상은 정면이
아닌 오른쪽을 향해 놓여있다.

무량수전은 세월의 무게만큼 훼손도 심하다. 벽체 부분의 배부
름 현상이 매년 악화돼 벽체 균열을 포함한 건물 변형이 발생했다.
완전히 허물고 새로 짓는 게 답이지만 이도 결코 쉽지 않다.

일제강점기 수리를 하면서 부실 복원한 게 원인이다. 조선총독
부는 1916년 9월 21일부터 1919년 4월 20일까지 2년 7개월간 무
량수전을 전면 해체수리했다. 총독부는 서까래와 추녀(지붕의 하중

일제강점기 부석사 전경
사진 국립중앙박물관

을 받는 부재), 주심포 등의 목재를 고정하기 위해 인장볼트와 너트,
연결 와이어 등 다량의 철물을 사용했다. 무리하게 건물을 허물고
다시 쌓아 올리는 과정에서 목조건물의 구조적 불안정성을 해결할
자신이 없다보니 철물로 부재를 고정했던 것이다. 복원이 아니라
문화재를 완전히 망친 셈이다. 더욱이 1916년 이전의 무량수전 상
태를 알 수 있는 자료도 남겨놓지 않아 처음의 모습을 알 수도 없
는 상황이 안타깝다.

고통받는 중생을 위한 구원의 무지개

불국사 백운 · 청운교

임진왜란이 발발한 이듬해인 1593년(선조 26) 5월 경주 불국사를 찾은 왜적 수십 명은 절의 아름다운 모습에 넋을 잃어버린다. 감탄을 쏟으며 절을 둘러보던 그들은 뜻밖에도 건물 한쪽에서 무기를 발견했다. 경상좌도 병마절도사가 지장전(지장보살을 모신 건물)에 숨겨놓은 활과 칼 등을 찾아냈던 것이다. 이성을 잃은 왜군은 고색창연한 불국사를 불태우는 만행을 저지른다. 피란 가 있던 담화대사가 소식을 듣고 달려왔지만, 화마는 대웅전, 극락전 자하문을 제외한 2,000여 칸의 건물을 모두 삼켜버렸다.

　　불국사는 전 국민의 수학여행지이자, 경주를 넘어 우리나라 제일의 명소이다. 토함산 서쪽 기슭에 위치한 불국사는 "불국정토를 속세에 건설하겠다"는 통일신라인들의 야심찬 꿈이 드러난 절이다. 국내 사찰 중 치밀한 구성과 미적 완성도가 가장 뛰어난 절이기도 하다.

　　불국사 창건 연대를 두고는 여러 기록이 전한다. 《삼국유사》 〈사중기〉는 "경덕왕(재위 742~765) 때의 재상 김대성이 751년 불국사와 석불사(석굴암)를 창건하기 시작했고 774년 세상을 떠나자 국

무너져가는 불국사
《조선고적도보》(1916)

일제강점기 보수 전 불국사의 모습이다.

가에서 맡아서 완성했다"고 기술한다.

　조선 후기 이종상(1799~1870)의 시 〈등불국범영루登佛國泛影樓〉에 "(불국사) 스님은 39년에 완성했다 하네"라는 귀절이 있다.《삼국유사》〈사중기〉를 근거로 한다면 불국사는 착공 39년 만인 원성왕 6년(790)에 완성됐을 것이다.

　1966년 불국사 석가탑을 해체수리하는 과정에서 무구정광대다라니경, 금동사리합 등과 함께 1024년(고려 현종 15) 쓰인 무구정광탑중수기가 발견된다. 여기에는 "무구정광탑이 742년(경덕왕 원년) 건립됐다"고 적혀 있다. 무구정광탑이 석가탑을 지칭하냐, 다보탑을 지칭하냐 논란이 있지만 이 기록을 따른다면, 불국사는 742년 전후로 완성됐을 것으로 추측된다.

일부 문헌에는 신라 불교가 공인된 528년(법흥왕 15)에 창건됐다고도 적혀있다. 불국사 자리에 원래 작은 절이 있었고 경덕왕 이후 대규모 사찰로 중창했을 가능성도 있다.

불국사와 석굴암 건립은 통일 후 100년이 지나 신라의 정치, 경제, 종교, 문화 등 모든 조건이 성숙해졌을 때 가능했다. 범국가적 의지와 경제적 뒷받침은 물론 종교적 신앙심과 간절함, 예술적 영감과 창조적 열정, 장인들의 뛰어난 솜씨와 수많은 사람의 노력이 한데 모여 걸작품을 만들어 낸 것이다.

불국사 건립의 목표는 불교적 유토피아인 불국을 지상에 구현하는 데 있었다. 부처가 건설한 '불국토'는 험한 사바세계를 살아가는 인간들에게 희망을 주는 약속의 땅, 근심 걱정이 없는 깨끗한 나라, 즉 정토淨土이다. 불국사는 높은 석단 위에 세워졌는데 석단 아래는 우리가 살고 있는 사바세계, 그 위는 불국정토를 뜻한다. 석단 아래에 현실세상을 의미하는 연못을 만들어 이상세계와의 구분을 명확히 했다.

부처의 종류는 여럿이다. 석가모니 부처는 영취산(고대 인도의 산)에서 법화경을 설법했다. 설법하던 장소를 영산회상靈山會上이라고 하며 이는 사바세계 불국이다. 무한한 수명을 제시하는 아미타불은 서방의 극락세계를, 광명과 진리의 부처인 비로자나불은 연화장 세계를 주관한다. 통일신라에서는 화엄사상이 유행해 비로자

불국사 백운·청운교
사진 국립중앙박물관

백운·청운교의 보수 전 모습이다. 반원형의 백운교 밑에는 연못이 있어 물보라가 일며 무지개가 피어났다고 한다.

나불을 숭배했다. 이때 '화엄華嚴'은 부처가 깨달음을 얻었을 때 봤다는 연꽃 속의 웅장한 세계, 즉 연화장(불교적 이상세계 중 하나)에서 유래한다.

불국사의 영역은 대웅전, 극락전, 비로전 등 세 개 영역으로 나뉜다. 대웅전은 법화경에 근거한 석가모니 부처의 사바세계 불국을, 극락전은 아미타경 또는 무량수경에 근거한 아미타 부처의 극락세계를, 비로전은 화엄경에 근거한 비로자나 부처의 연화장 세계를 상징한다. 불국사에서는 서로 다른 세 부처가 한 곳에 존재하는 것이다.

지금은 동쪽 통로를 통해 불국사로 진입하지만, 과거 불국으로 들어가는 길은 두 곳으로 나 있었다. 동쪽의 백운·청운교를 건너 대웅전 앞의 자하문을 향해가는 길과 서쪽의 연화·칠보교를 건너 안양문을 통과해 극락전으로 나아가는 길이다.

백운교 18계단, 청운교 16계단 등 34계단으로 이루어진 백운·청운교는 계단이면서 다리 형식의 구조이다. 다리 아래쪽으로 돌로 만든 연못(석조)이 있었다. 지금도 계단 왼쪽에 물이 낙하하는 장치의 흔적이 있다. 물이 떨어져 물보라가 일면서 무지개가 피어났다고 한다. 다리 아래 무지개 모양은 우리나라 석교나 성문에 나타나는 홍예교(반원형의 둥근 다리)출발점을 보여준다. 백운·청운교는 8세기 후반 통일신라 당시의 다리 중 유일하게 완전한 형태로 남아있는 것이다.

백운·청운교가 웅장한 멋을 보여준다면 연화·칠보교는 섬세한 아름다움을 표현했다. 연화교 10계단, 칠보교 8계단으로 총 18계단이다. 인간의 수명과 관련한 아미타불을 모신 극락전으로 들어가는 문인 만큼 당대 사람들은 이곳을 오르내리며 극락왕생을 기원했다. 49대 헌강왕(재위 875~886)이 죽자 비구니가 된 헌강왕비도 이 연화·칠보교에서 남편의 극락왕생을 빌었다.

임진왜란 때 불탄 불국사를 새로 짓기 시작한 것은 10여 년의 세월이 지난 1604년(선조 37)부터였다. 이후 19세기에 이르기까지 복구와 중수의 불사가 수도 없이 반복된다. 1740년(영조 16) 승려

불국사 연화·칠보교
국보 제22호 불국사 연화·칠보교, 통일신라시대, 사진 문화재청

동은이 쓴 《불국사고금창기》에 의하면, 대웅전 1659년 중수·1765
년 중창, 비로전 1660년 중건, 극락전 1750년 중수·1800년대 중
창 등 많은 건축물과 문이 수차례 새로 지어졌다.

　이 자랑스러운 불국사는 국권상실의 혼란기 속에 폐허로 변해
갔다. 석단과 계단이 무너지고 경내는 잡목과 잡초에 뒤덮였다. 조
선총독부는 1923~1936년 정비에 나서지만 조사, 연구가 불충분
했고 석단과 회랑지 등에 많은 변형을 초래했다. 광복 이후 또다시

복원을 실시했지만 마찬가지로 결과는 만족스럽지 못했다. 공사는 1970년에서 1973년 6월까지 3년 6개월간 진행됐다. 종전 대웅전, 극락전, 자하문, 안양문이 남아있었는데 공사 기간 무설전, 비로전, 관음전, 범영루, 좌경루, 일주문 등을 신축했고 석축과 계단을 대대적으로 수리했다. 백운·청운교 아래의 연못이 제외된 점, 범영루와 좌경루가 길을 막고 있는 점, 자하문과 안양문의 지붕 양식이 서로 다른 점, 다보탑 쪽 통로를 인위적으로 만든 점 등이 논란이다.

불국사의 국보로는 다보탑, 석가탑, 연화·칠보교, 백운·청운교, 금동비로자나불좌상, 금동아미타여래좌상, 석가탑 사리장엄구가 있다. 1,300년 전, 백운·청운교 아래 연못 속에서 아롱지는 불국세계의 휘황한 누각과 탑은 고통받는 현세의 중생들에게 마치 꿈결처럼 구원의 손짓을 보내는 듯했을 것이다.

삶의 굴레를 벗어나는 깨달음의 순간

금동미륵반가사유상

2013년 세계 3대 박물관이라는 미국 뉴욕 메트로폴리탄박물관은 신라 문화의 우수성을 조명하는 〈황금의 나라, 신라〉전을 기획했다. 전시는 메트로폴리탄박물관의 특별 전시실에서 최초로 소개되는 한국 미술전이었으며, 그해 최대 메인 전시로 준비됐다. 준비 기간만 5년여가 걸렸다. 전시 일정도 추수감사절, 크리스마스 등 미국 최대 명절이 집중된 10월 29일부터 이듬해 2월 23일까지로 잡혔다.

박물관에서 우리 측에 요구한 전시품 대여목록에는 국보 제83호 금동미륵보살반가사유상(이하 83호), 국보 제191호 황남대총 북분 금관 등 신라 대표 국보가 총망라됐다.

그런데 전시가 임박한 시점에 문화재청이 갑자기 83호 반출을 불허했다. 귀중한 국보가 해외에 너무 자주 불려 나간다는 것이다. 83호는 광복 이후 전시를 위해 해외에 아홉 번이나 출품됐고 일수로 계산하면 3,000일이 훨씬 넘었다. 국보 제78호 금동미륵보살반가사유상(이하 78호)을 대신 보내겠다고 통보했지만, 메트로폴리탄박물관은 이를 거부했다. 상급기관인 문화체육관광부가 중재에 나

금동미륵보살반가사유상
국보 제83호, 삼국시대, 국립중앙박물관

서 83호의 출품을 결정했고 이를 전면에 내세운 뉴욕전은 유례없
는 대성공을 거뒀다.

불교 조각의 최고봉이라는 78호에 굴욕을 안긴 83호는 '우리 국
보의 대표 얼굴'로 얘기될 만큼 한국 조각사의 기념비적인 걸작이
다. 조화로우면서도 생동감 넘치는 신체와 선명한 이목구비, 자연
스럽고 입체적으로 처리된 옷 주름 표현은 신라인의 놀라운 주조

기술을 잘 보여준다. 더욱이 은은하게 퍼지는 고졸한 미소는 종교적 숭고미를 느끼게 한다. 《무량수전 배흘림기둥에 기대서서》(학고재, 1994)에서 혜곡 최순우는 이 미소에 대해 "슬픈 얼굴인가 보면 그리 슬픈 것 같지 않고, 미소 짓고 있는가 하면 준엄한 기운이 누르는, 무엇이라고 형언할 수 없는 거룩함"이라고 했다.

반가사유상은 다른 불상에 비해 독특한 형상을 하고 있다. 오른쪽 다리를 왼쪽 무릎 위에 올려놓은, 반가半跏의 자세이다. 왼손은 오른쪽 다리 위에 두고 오른쪽 팔꿈치는 무릎 위에 붙인 채 손가락을 살짝 뺨에 대고 깊은 생각에 잠겨 있다. 부처가 어린 시절 인생무상을 느끼고 중생 구제를 위해 고뇌하는 모습을 표현한 태자 사유상에서 그 기원을 찾는다.

인도 북부의 고대국가 카필라국 태자였던 싯다르타는 12세가 되던 어느 봄날 아버지 슈도다나왕과 성 밖으로 행차를 했다. 그곳에서 땀 흘리며 힘겨워하는 농부들, 채찍에 맞아 고통스럽게 쟁기를 끄는 소, 새들에게 잡아 먹히는 벌레들의 몸부림, 다시 그 새를 낚아채는 독수리를 목격하고서 큰 충격을 받는다. 태자는 염부나무 아래에서 약육강식과 생로병사에 대한 깊은 고민에 빠져들었다. 부처가 부귀영화를 버리고 출가하는 계기가 되는 사건이다. 이 첫 깨달음을 형상화한 것이 사유상이다.

사유상의 또 다른 해석으로는 미래불인 미륵불과 연관돼 있다. 석가모니가 열반한 후 56억 7,000만 년, 즉 인간의 수명이 8만세가 되는 때 미륵보살이 세상에 나와 성불하고 세 번의 설법으로 272억 명의 사람을 깨달음의 경지로 인도한다는 게 미륵신앙이다. 미륵보살은 먼 미래를 생각하며 명상에 잠기는데 이를 담은 것이 사유상이라는 견해다. 이에 근거해 반가사유상의 명칭도 '미륵보살반가사유상'으로 지어졌다.

사유상은 2세기 인도 쿠샨 왕조에서 시작돼 3~4세기 중국에 전해졌다. 5세기 전반~6세기 후반의 남북조시대(이 가운데 동위, 북제)에 이르러 사유상 제작 빈도가 급증했고 모습도 반가사유상으로 정형화된다. 우리나라는 6세기 후반부터 7세기에 걸쳐 고구려, 백제, 신라 삼국에서 모두 유행했다.

83호는 1912년 조선총독부박물관이 한 일본인 고물상에게서 2,600원을 지불하고 구입해 이왕가미술관(덕수궁미술관)에서 소장했다가 광복 후 국립박물관으로 소유권이 넘어왔다. 경주의 한 노부부가 나정 인근의 신라 초기 박씨 왕들의 무덤으로 알려진 오릉에서 찾은 것이라고 전해져 왔다. 황수영 전 국립중앙박물관장은 추적 조사를 통해 83호의 발견지가 경주 내남면 남산 서쪽 기슭의 사찰임을 확인했다고 밝힌 바 있다. 오릉과 내남면은 다소 떨어져 있지만, 같은 남산 자락이다. 83호는 남산 어귀의 사찰 또는 무덤에서 수습한 것이 확실해 보인다.

83호 하면 늘 함께 거론되는 불상이 있다. 일본 국보 제1호 고류지廣隆寺 목조미륵보살반가사유상이다. 독일의 실존주의 철학자

목조미륵보살반가사유상

일본 국보 제1호, 일본 고류지

독일의 실존주의 철학자 야스퍼스가 "인간이 만들
수 없는 예술품"이라고 극찬했던 불상이다. 신라에
서 만들어져 일본으로 건너간 것으로 추정된다.

야스퍼스Karl Jaspers가 "감히 인간이 만들 수 없는 살아 있는 예술미
의 극치"라고 극찬했던 불상이다. 놀랍게도 두 불상은 같은 사람이
만들었다고 해도 이상할 게 없을 만큼 외관이 흡사하다.

《일본서기》스이코推古 13년(603)조에 "쇼토쿠聖德 태자(574~622)가
대부들에게 '나에게 존귀한 불상이 있다. 누가 이 불상을 가져다

목조미륵보살반가사유상 안면 세부

예배하지 않겠는가'라고 묻자 진하승이 나와 '제가 예배하겠습니다'라며 불상을 받았다. 그리고 봉강사蜂岡寺를 세웠다"고 기술돼 있다. 쇼토쿠 태자는 일본의 첫 번째 여왕인 제33대 스이코推古 일왕(재위 592~628) 때 섭정했던 인물이다. 그는 한국계 혈통으로 알려져 있다. 진하승 역시 교토 호족으로 신라인이었다. 봉강사는 교토 고류지의 옛 이름으로, 신라 진씨 가문의 사찰이었다. 한일 학자들은 《일본서기》에 기록된 이 불상을 목조반가사유상으로 단정한다. 불상의 나무도 한반도에만 자생하는 적송(춘양목)이다.

이를 근거로 83호와 목조반가사유상은 모두 7세기 초 신라에서 만들어졌고, 이 중 목조반가사유상이 일본으로 건너간 것으로 본다. 1994년 일본 국보 수리소 다카하시 준부도 "같은 공방에서 한 장인에 의해 제작된 것"이라고 발표해 83호가 고류지 불상의 원형임을 확고히 했다.

83호는 무게 112.2kg에 높이가 93.5㎝다. 고류지 불상은 이보다 크기가 작다. 얼굴은 상대적으로 83호가 가냘프다. 예술성은 83호가 앞선다. 83호가 고류지 불상을 능가하는 가장 객관적인 이유는 금속(청동)으로 주조했다는 사실이다. 청동의 두께는 5㎜에 불과한데도 흠집이 거의 발견되지 않는다. 전쟁 때 청동을 녹여 무기로 사용했기에 청동상은 세계적으로도 매우 귀하다. 야스퍼스가 83호를 접했다면 과연 어떤 평가를 내렸을까.

국보 토막 상식

국보 신고와 보상금

지난 2009년 5월 경북 포항시 흥해읍 중성리의 한 주민이 화분 받침대로 쓰기 위해 도로 공사장에서 돌덩이를 하나 주워 집에 갖다 놓고 세척하던 중 글씨를 발견했다. 심상치 않다고 생각한 주민은 포항시에 알렸다. 이 돌은 현존하는 가장 오래된 신라비로 판명나 국보 제318호(포항 중성리 신라비)로 지정됐다.

중성리 신라비는 화강암에 총 203자가 새겨져 있었다. 501년(지증왕 2) 흥해에서 발생한 분쟁을 경주 귀족이 개입해 해결했다는 내용이다. 관등제 성립 과정과 지방 통치 양상을 알려주는 매우 중요한 자료라 할 수 있다. 1988년, 1989년에 각각 발견된 울진 봉평리

포항 중성리 신라비
국보 제318호, 국립문화재연구소

2009년 포항의 한 주민이 도로 공사장에서 주운 신라비.
신라 정치체제의 급변을 알려주는 중요 자료로 평가된다.
주민은 이를 신고해 5,000만 원의 보상금을 받았다.

신라비(국보 제242호), 포항 냉수리 신라비(국보 제264호)와 함께, 신라에서 금관 및 대형 왕릉으로 왕의 권위를 세우던 마립간 시대가 저물고 법과 제도로 통치되는 새로운 체제가 확립됐음을 알려주는 증거로 제시된다.

주민은 신고 덕에 5,000만 원의 보상금을 받았다. 1962년 만들어진 문화재보호법에 불법적인 도굴, 유통, 국외반출을 막기 위한

포항 중성리 신라비 탁본
국립문화재연구소

조치의 일환으로 '보상 및 포상' 조항을 만들었는데 그 이후 지급된 문화재 보상금 중 최고액이었다. 보상금 산정위원회는 유물의 가치를 1억 원으로 책정하고 50%에 해당하는 금액을 발견자에게 보상금으로 줬던 것이다.

　'매장문화재 보호 및 조사에 관한 법률'에 따르면, 매장문화재는 원칙적으로 국가소유이다. 문화재를 발견한 후 7일 이내에 지자체,

경찰서 등 관계기관에 신고해야 한다. 그렇지 않으면 은닉죄가 적용돼 처벌받는다. 자신 소유의 땅에서 매장문화재를 발견하더라도 마찬가지이다. 대신 발견자 또는 습득자, 토지 또는 건물 소유자에게 보상금을 균등하게 지급토록 하고 있다. 보상금 규모는 '유실물법'에서 "매장물 가액의 절반을 국고에서 줘야 한다"고 설정한다.

2009년 2월에는 경주시 동부동 주택의 수도를 검침하던 한 검침원이 수돗가에 묻혀있는 돌덩이를 찾아냈다. 검침원은 돌의 돌출된 부분에서 글자를 알아보고는 국립경주박물관에 신고했다. 조사 결과 돌은 잃어버린 신라 제30대 문무왕 비석의 상단부로 판명났다. 비석 하단부는 1961년 수돗가에서 100m 가량 떨어진 지점에서 수습해 경주박물관에 전시돼 있다.

문무왕비는 문무왕이 죽은 직후인 682년, 삼국통일 후 최초로 건립한 경주 사천왕사(경주시 배반동)에 세워졌다. 문무왕비가 발견된 주택가는 조선시대 관아가 있던 자리다. 200년 전 추사 김정희가 사천왕사 터에서 비석을 발굴해 이곳으로 옮겨왔다.

일제강점기를 거치면서 관아가 민가로 변했고 비석도 주택가에 방치된 것으로 짐작된다. 문무왕비에는 태종무열왕의 업적, 백제를 멸망시킨 과정, 문무왕이 죽어서 나라를 지키는 용이 되겠다는 유언 등이 적혀있다. 비석의 가치는 6,000만 원으로 평가됐고 비석을 발견한 수도검침원과 집주인은 각각 1,500만의 보상금을 수령했다.

최초 발견으로 인해 다른 유물까지 출토·인양되면 그에 상응하는 포상금을 더 받을 수 있다. 2007년 5월 충남 태안에서는 어민의 그물에 고려청자 대접을 휘감은 쭈꾸미 한 마리가 걸렸다. 어민은 나흘 뒤 태안군청에 청자 인양 사실을 신고했다. 이를 계기로 고려청자 등 2만 5,000여 점의 유물을 실은 고려시대 선박인 태안 보물선을 발굴한다. 수중 발굴사에서 가장 유명한 '쭈꾸미가 낚은 보물선' 사건이다. 태안선 유물 중 청자 퇴화문두꺼비모양 벼루가 보물 제1782호로 지정됐다.

'매장문화재 보호 및 조사에 관한 법률' 등에 의해 이 어민이 받을 수 있는 보상금은 직접 건져 올린 청자 대접 한 점의 평가액인 12만 원의 절반, 6만 원에 불과하다. 어민이 없었다면 태안 보물선은 영원히 바다 속에서 잠자고 있었을 텐데 말이다.

이런 불합리한 문제를 해결하기 위해 시행령에서 별도로 포상금 규정을 마련해 뒀다. 문화재평가액이 1억 원 이상(1등급)인 경우 '2,000만 원+(문화재 평가액-1억 원)×(5/100)'의 공식을 적용해 포상금을 계산한다. 태안선과 유물의 가치는 1억 원을 평가받아 어민에게 2,000만 원의 포상금과 6만 원의 보상금이 지급됐다. 포상금

232

상한선이 2,000만 원이라는 조항이 적용됐기 때문이었다. 정부는 어민의 기여도에 비해 이 포상금도 적다는 지적에 따라 최대 1억 원까지 포상금을 받을 수 있게 시행령을 개정했다.

2007년 7월 태안 마도 인근에서도 어부가 청자를 인양했다고 신고했고, 발굴 작업이 시작돼 2009년부터 마도 1·2·3호 등 난파선 세 척과 고려청자, 묵간, 죽찰 등 다량의 유물을 수습했다. 이 어부는 바뀐 시행령에 따라 보상금 10만 원과 포상금 3,384만 원 등 총 3,394만 원을 챙겼다. 마도 유물 중 청자 상감국화모란유로죽문 매병 및 죽찰, 청자 음각연화절지문 매병 및 죽찰이 각각 보물 제1783호, 보물 제1784호로 지정됐다.

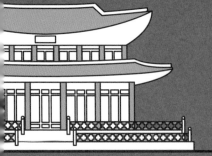

6부

위대한 기록을
담은 국보

최고의 어문학자 세종, 직접 한글을 창제하다

훈민정음 해례본

간송 전형필은 여러 수집품 중에서 《훈민정음 해례본》을 제일 아꼈다. 한국전쟁 피란길에도 가슴에 품고 다녔으며 잘 때도 베개 속에 숨겨 지켰다. 《훈민정음 해례본》은 그가 광복 2년 전 서울의 기와집 10채 값인 1만 원을 주고 구입했던 것이다.

1940년 어느 날, 안동 출신의 서예가 이용준은 스승이자 어문학자인 김태준에게 놀라운 얘기를 털어놓는다. "가문(안동시 와룡면 진성 이씨)의 선조가 여진 정벌에 공을 세워 세종대왕에게 《훈민정음 해례본》을 하사받아 가보로 전해 내려오고 있습니다."

김태준과 이용준은 일제강점기 사회주의 지하조직이었던 '경성 콤그룹'의 멤버였다. 활동자금을 마련하기 위해 이용준이 가보를 내다 팔고자 했던 것이다. 김태준은 《훈민정음 해례본》이 경성제국대도서관에 있던 《세종실록》에서 언급되는 그 해례본임을 확인했다. 추후 밝혀진 사실이지만 훈민정음은 진성 이씨의 소장품이 아니라 같은 와룡면 소재 광산 김씨 종택의 긍구당 소유였다. 이를 김씨 종손의 사위였던 이용준이 빌려 갖고 있었다. 김태준은 왕래가 잦던 전형필과 접촉했다. 훈민정음의 존재를 알게 된 전형필은 흥분했다. 그러나 김태준이 체포되면서 당시의 거래는 성사되지 못했다. 이후 김태준이 병보석으로 석방되자 1943년 전형필이 다시 그를 찾아온다. 김태준은 "소유주가 1,000원을 요구한다"고 했고 전형필은 열 배인 1만 원을 건넸다. 놀라는 김태준에게 전형필은 《훈민정음 해례본》이라면 이 정도 대접은 받아야 한다"며 김태준에게도 사례비 1,000원을 따로 얹어주었다.

국보 제70호 《훈민정음 해례본》은 이렇게 세상에 나왔다. 훈민정음, 즉 한글은 과학적이면서도 배우기 쉽다. 전 세계의 모든 문자 중 만든 사람과 반포일, 글자 제작 원리까지 아는 유일한 문자이기도 하다. 우리 국민은 한글을 창제한 세종대왕(재위 1418~1450)을 역사상 제일 위대한 왕으로 존경한다.

훈민정음에 한문으로 해설을 단 것이 바로 《훈민정음 해례본》이다. 해례본에는 한글을 만든 원리와 문자사용 설명, 용례를 상세히 밝히고 있다. 책은 세로 23.3cm, 가로 16.8cm로, A4지 절반보다 조금 큰 크기이다. 3부 33장 1책의 목판본이며 1부는 훈민정음 본문, 2부는 해례, 3부는 정인지(1396~1478)의 서문을 실었다. 그 끝에 '정통正統 11년(1446) 음력 9월 상한上澣(상순)'이라고 적혀 있다. 1446년(세종 28)이 한글 반포의 해인 것이다. 한글날은 해례본의 기록을 근거로 상순의 마지막 날인 10일로 잡고 이를 양력으로 환산해 10월 9일로 정했다.

인수 당시 앞의 두 장은 찢겨 나가고 없었다. 《훈민정음 해례본》

을 넘긴 이용준은 "언문책 소지자를 엄벌하던 연산군 때 부득이 첫머리 두 장을 찢어버렸다는 가문의 전승이 있다"고 했다. 다행히도 《세종실록》에 세종대왕이 직접 쓴 "나랏말씀이 중국과 달라…"로 시작하는 서문이 실려 있다. 사라진 두 장의 자리에 이 내용을 베껴 복원했다.

한글은 너무도 체계적이고 독창적이어서 창제 주체와 유래를 놓고 의견이 분분하다. 집현전 학사들이 한글을 만든 것으로 알고 있지만 실록은 세종대왕이 창제자라고 명시한다. "이달에 임금이 친히 언문 28자를 지었다. 그 글자가 옛 전자篆字(중국의 고대 서체)를 모방하고 초성, 중성, 종성으로 나누어 합한 연후에야 글자를 이루었다. 무릇 문자에 관한 것과 이어俚語(표준어가 아닌 언어)에 관한 것을 모두 쓸 수 있고, 글자는 비록 간단하고 요약하지만 전환하는 것이 무궁하

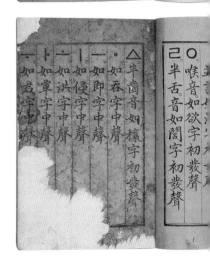

《훈민정음 해례본》 서문 및 본문
국보 제70호, 1446년(세종 28), 간송미술관

1943년 인수 당시 앞쪽의 두 장이 찢겨 나가 《세종실록》의 서문을 베껴 적어 복원했다.

니 이것을 훈민정음이라고 일렀다."(《세종실록》 1443년(세종 25) 12월 30일) 한글 반포는 1446년이지만 창제한 것은 3년 전인 1443년인 것이다.

세종대왕은 학식이 뛰어났다. 그렇더라도 혼자 힘으로 이런 위대한 업적을 남길 수 있었을까. 이 때문에 창제 과정에 누군가 도움을 줬을 것이라는 추측이 끊이지 않는다. 대표적 사람이 승려 신미(생몰년 미상)이다. 신미에게 '도총섭 밀전정법 비지쌍운 우국이세 원융무애 혜각존자'라는 거창한 존호가 내려진 것으로 미뤄 훈민정음이 신미의 작품이라고 일각에서 주장한다. 신미의 속명은 김수성으로, 세종 때 집현전 학사로 활동하고 세조 때 공조판서, 호조판서를 지낸 김수온(1410~1481)의 형이다. 영산 김씨 대동보에 "신미대사가 주지로 있던 《복천암 사적기福泉庵事蹟記》에 '세종은 복천암에 주석(체류)하던 신미대사로부터 한글 창제 중인 집현전 학자들에게 범어(산스크리트어)의 자음과 모음을 설명하게 했다'고 기술돼 있다"고 적혀 있다. 다른 곳에서는 신미에 관한 기록을 찾을 수 없다. 다만, 그가 한글 창제 후 각종 불경 언해본을 발간하는 데는 적극 관여한 것으로 짐작된다.

집현전 학사인 신숙주(1417~1475)가 요동으로 유배 온 명나라 학자 황찬을 찾아가 훈민정음에 관한 비결을 전수받았다는 견해도 있다. 하지만 이는 근거 없는 낭설이다. 1445년 1월 7일자 실록은 "집현전 부수찬 신숙주와 성균관 주부 성삼문(1418~1456)을 요동

법주사의 승려들
일제강점기, 사진 국립중앙박물관

법주사는 신미가 출가한 곳으로 알려져 있다. 승려 신미가 한글 창제를 주도했다는 내용의 영화가 개봉된 바 있지만, 실록은 세종대왕 혼자서 한글을 만들었다고 분명히 밝히고 있다.

에 보내 운서韻書를 질문하여 오게 하였다"고 했다. 한글이 탄생하고 2년이 지난 뒤의 일이다. 그들이 요동에서 했던 일은 1487년(성종 18) 2월 2일자 실록에 나와 있다. "세종조에 신숙주 등을 요동에 보내 황찬에게 음과 훈을 물어보게 하여 《홍무정운洪武正韻》, 《사성통고四聲通考》 등의 책을 만들었다. 우리나라 사람들이 이에 힘입어 중국말을 대강 알게 되었다." 신숙주는 새로운 문자에 대해 물어본 게 아니라, 한자의 뜻과 음을 자문했던 것이다.

세종대왕은 대신 아들과 딸의 도움을 받았다. 1444년(세종 26)

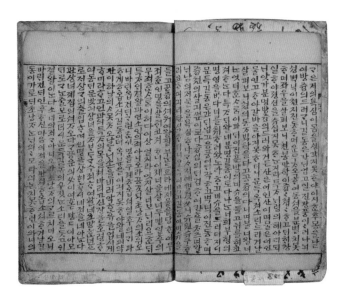

최초의 한글 소설로 알려진 허균의 《홍길동전》
조선 중기, 국립중앙박물관

2월 20일자 실록에 의하면, 집현전 부제학 최만리(?~1445)는 훈민
정음 제작의 부당함을 알리면서 "공적 업무라면 세자가 세세한 일
을 맡을 수 있지만 언문처럼 급하지도 않은 일에 시간을 허비하면
서 걱정하느냐"고 따졌다. 그러자 세종은 "내가 나이 늙어서 세자
에게 그 일을 맡겼노라"고 했다. 세종이 한글 제작의 상당 부분을
문종(재위 1450~1452)에게 일임했다는 말이다. 집현전의 책임자였던
최만리가 이처럼 공격한 것을 볼 때 과연 집현전 학사들이 훈민정
음 창제에 참여했는지도 의심스럽다.

둘째 딸인 정의공주(1415~1477)도 도왔다. 공주의 시댁인 《죽산 안씨 대동보》는 "훈민정음을 창제할 제 변음變音과 토착吐着을 다 연구하지 못하여 여러 대군에게 풀게 하였지만 답을 얻지 못하였다. 공주에게 내려보내니 곧 풀어 바쳤다"고 서술했다. 실록의 〈정의공주 졸기〉도 공주가 "총명하고 지혜로우며 역산曆算을 해득하여 세종이 사랑하였다"고 썼다.

문자의 기원을 놓고서도 발음기관을 본떴다는 발음기관 상형설, 창문 상형설, 고대 중국 문자설, 고대 한국 문자설, 고대 인도의 문자인 범자설, 몽골자설 등이 분분하다.

가장 오래되고 권위 있는 고대사 기록물

삼국사기

"이 책이 없었다면 과연 한민족의 고대사가 존재할 수 있었을까. 또한 고구려사가 한국사에 편입됐을까."

김부식이 편찬한 《삼국사기》를 두고 하는 말이다. 《삼국사기》는 우리나라 최초의 관찬사서(국가가 편찬한 역사서)이자 가장 오래된 정사이다. 또한 《삼국사기》는 신화나 신비주의, 과장·윤색을 지양하고 사실주의적 관점에서 쓰여 그 어떤 사서보다 높은 권위를 갖는다.

중국 정부가 고구려를 자신들의 지방 정권이라고 주장해 한중 간 뜨거운 고대사 분쟁을 불러왔지만, 결정적으로 고려의 존재가 이 모든 분쟁을 무력화시켰다. 고구려 유민의 후손인 고려 태조 왕건은 고구려 고토 회복을 국시로 삼았고 고구려 국호를 계승했다. 이런 의식을 이어받아 다소 이질적인 고구려, 백제, 신라를 단일 역사로 묶은 사람이 바로 김부식이다. 4세기부터 200년간 왜가 '임나일본부任那日本府'라는 통치기관을 설치하고 한반도 남부를 지배했다는 《일본서기》의 이른바 '임나일본부설'을 부정하는 증거로 제시되는 것도 《삼국사기》다. 《삼국사기》에는 임나일본부가 전혀 나타나지 않는다.

고려 궁궐인 개성 만월대 회경전 터
일제강점기, 사진 국립중앙박물관

고려는 고구려의 계승자를 자처했고 민족적
자긍심을 고취하기 위해 고구려, 백제, 신라를
아우르는 삼국사기를 편찬했다.

《삼국사기》의 정식 명칭은 '삼국사'이며 종전에 삼국사가 있어
흔히 옛 《삼국사》는 '구삼국사', 김부식이 새로 펴낸 삼국사를 '삼
국사기'라 부른다. 《삼국사기》는 1145년(고려 인종 23) 고구려, 백제,
신라 삼국의 역사를, 정치적인 흥망과 변천을 중심으로 재정리했
다. 고려 제17대 인종(재위 1122~1146)의 명에 따라 김부식 주도로
11명의 편사관이 참여해 완성됐다.

《삼국사기》는 편찬 취지 등을 밝힌 〈진삼국사기表進三國史記表〉,
〈본기〉 28권(고구려 10권, 백제 6권, 신라 5권, 통일신라 7권), 〈잡지〉 9권,
〈표〉 3권, 〈열전〉 10권으로 구성돼 있다. 〈본기〉는 정치, 전쟁, 외

개성 칠릉   고려왕릉으로 추정된다.
사진 국립문화재연구소

교, 천재지변 등 국가의 중요 사건, 왕의 치적 등을 서술한다. 삼국
간, 삼국과 외국 등 28개국과 벌인 440여 회에 걸친 전쟁 사실을
기록하며 34개국과 620여 회의 교섭을 나열한다. 930여 회에 이르
는 자연변이도 기술하고 있다. 〈잡지〉는 제사, 악, 의복, 수레, 가
옥, 관직, 지리지를 다룬다. 〈표〉는 박혁거세 즉위년(기원전 57)부터
경순왕 9년(935)까지 고구려, 백제, 신라, 중국의 연표를 정리했다.
〈열전〉은 김유신, 을지문덕 등 69인의 전기를 서술했다. 김부식은
주요 부분에 자신의 견해, 즉 논찬論讚을 달아 부연 설명한다. 〈신라
본기〉에 10곳, 〈고구려본기〉에 7곳, 〈백제본기〉에 6곳, 〈열전〉에 8
곳 등 모두 31곳에 찬이 있다. 대부분 유교적 명분을 강조하는 내

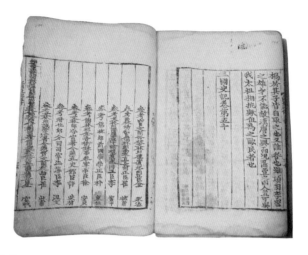

《삼국사기》
국보 제322-2호, 1512년(조선 중종 7) 추정
성암고서박물관

우리나라 최초의 관찬사서이자 가장 오래된
정사이다. 국보 《삼국사기》 두 질 중 하나다.

용이다.

　고려가 삼국의 역사를 정립한 사서를 펴낸 까닭은 뭘까. 《삼국
사기》가 발간된 12세기 전반은 지배계층의 갈등과 대립이 격화돼
혼란스러웠고 대외적으로 거란과 대규모 전쟁을 겪은 데 이어 여
진의 위협이 점증해 국가의식이 고조되던 시기다. 이런 상황에서
분열과 갈등이 국가 멸망의 원인임을 강조하고, 후세에 역사적 교
훈을 주기 위해 소실된 국사의 재편찬이 요구됐던 것이다. 《삼국
사기》도 "임금된 이의 선함과 악함, 신하된 이의 충성과 사특함, 나
라의 평안과 위기, 백성들의 다스려짐과 혼란스러움 등을 모두 드

러내어 경계로 삼아야 한다"고 편찬 취지를 분명히 밝힌다.

그런 만큼 강렬한 국가의식과 민족성을 표방한 내용이 담겼다. 김부식은 "(중국의) 옛 열국(여러 나라)은 각각 사관을 두어 일을 기록하였다. 우리들 해동 삼국도 역사가 오래되었으니, 사실을 역사책에 기록해야 한다"며 주체적 사론을 편다. 《삼국사기》는 현전하지 않는 당시 우리 사서를 발췌해 재구성했다는 점에서 가치가 높다. 《삼국사기》는 《고기古記》, 《삼한고기三韓古記》, 《신라고사新羅古史》, 《삼국사三國史》(구삼국사), 김대문의 《고승전高僧傳》·《화랑세기花郎世記》·《계림잡전鷄林雜傳》, 최치원의 《제왕연대력帝王年代曆》 등의 국내 문헌을 참고했다고 밝힌다. 동시에 《삼국지三國志》, 《후한서後漢書》, 《진서晉書》, 《위서魏書》, 《송서宋書》, 《남북사南北史》, 《신당서新唐書》·《구당서舊唐書》, 《자치통감資治通鑑》 등 중국사서도 인용했다.

그러면서 진나라의 《승乘》, 초나라의 《도올檮杌》, 노나라의 《춘추春秋》를 언급하며 동양의 전통적인 역사 편찬 원칙인 '술이부작述而不作(옮겨 적기만 했을 뿐 창작하지 않았다)'에 입각해 쓰였다고 덧붙인다. 사실주의는 《삼국사기》의 중요한 특징이다.

비판도 적잖다. 신라의 비중이 상대적으로 높다는 견해가 많이 거론된다. 〈본기〉의 권수를 보면 신라, 고구려, 백제 순으로 많지만 엄밀하게는 신라사와 통일신라사는 구분하는 게 맞다. 순수 신라사만 따지면 삼국 중 제일 적다.

민족주의 사학자인 단재 신채호(1880~1936)는 묘청(?~1135)의 서

경파와 김부식의 개경파 간 알력에서 개경파가 승리하면서 사대주의가 시작됐으며, 김부식이 주도한 《삼국사기》도 사대주의적 역사서라고 폄훼한다. 사대주의를 견지한다는 점은 부정하기 어렵지만, 그런 가운데서도 자아의식을 잃지는 않았다. 일례로 《삼국사기》는 삼국의 역사를 〈본기〉로 분류하는데, 중국의 역사 기술 방식에 따르면 본기는 중심국가(황제국)의 역사를 다루는 부분이다. 제후국은 본기 대신 '세가'로 구성한다. 또 다른 한계점으로 고조선은 물론 가야, 동예, 옥저, 삼한의 역사가 빠져 있는 것도 지적되지만, 《삼국사기》는 스스로 고구려, 백제, 신라의 역사만을 다루는 사서임을 명확히 하고 있어 이런 지적은 무의미하다.

주류 학계는 그들대로 《삼국사기》 초기 기록이 부풀려졌다고 판단한다. 《삼국사기》는 처음부터 삼국이 하나의 완성된 국가에서 출발하는 것으로, 초기의 왕을 절대적 지배자로 규정해 서술한다. 이에 대해 주류 학계에서는 고구려는 제6대 태조왕(재위 53~146), 백제는 제8대 고이왕(재위 234~286), 신라는 제17대 내물왕(재위 356~402)이 각국의 실질적 시조라고 말한다. 이들이 삼국을 세웠고 그 이전의 직계 조상을 추존한 것이라는 입장이다. 하지만 중국사서에는 이들 이전에도 중국과 교류한 사실이 다수 확인돼 초기 삼국이 강력한 중앙집권체제만 확립되지 않았을 뿐 국가 형태를 갖췄다고 볼 수 있다.

《삼국사기》는 국보 제322-1호(경주 옥산서원)와 국보 제322-2호

회재 이언적의 사당인 경주 옥산서원
경주시 안강읍 옥산리

국보 제322-1호가 보관돼 있다.

(성암고서박물관) 두 질이 존재한다. 둘 다 50권 9책 완질본이다. 국보 제322-1호는 1573년(선조 6)에 경주부에서 인쇄해 옥산서원으로 보냈다. 인쇄상태는 깨끗하지 못하며 국보 제322-2호가 발견되기 전까지 가장 오래된 《삼국사기》 완질본이었다. 국보 제322-2호는 국보 제322-1호와 동일한 판본이며 1512년(중종 7) 발간됐다.

적의 전술 분석부터 일반 백성 이야기까지

난중일기

"싸웠다 하면 반드시 이기고, 지키던 곳은 끝까지 지켜서 나라 형세가 그에 의하여 좌우되고 (…) 우리 열조(여러 임금들)로 하여금 중흥의 공을 이룰 수 있게 뒷받침한 것은 오직 충무공 한 사람의 힘이었던 것이다."(정조의 문집《홍재전서弘齋全書》15권)

조선 제22대 왕 정조(재위 1776~1800)는 충무공 이순신(1545~1598)을 흠모했다. 1644년(인조 22) 이순신에게 좌의정의 벼슬과 충무라는 시호를 내린 바 있었지만, 정조는 "그것으로 그의 공로를 충분히 보답했다고야 하겠는가"라고 탄식했다. 그러면서 그가 재위하던 1793년(정조 17) 영의정에 추증하고 친히 '상충정무지비尙忠旌武之碑'라는 비명을 지어 각별한 고마움을 표시했다.

이순신은 세계 해전사에서 유례를 찾기 힘든 23전 23승(소규모 전투를 제외하면 11전 11승)이라는 대승리의 명장이자, 지극한 충성심과 숭고한 인격, 뛰어난 통솔력으로 절체절명의 나라를 구한 민족사의 독보적 인물이다. 위인들 중 유일하게 그의 이름 앞에는 '성웅聖雄'이라는 호가 붙는다.

국보 제76호《난중일기亂中日記》는 이러한 충무공의 진면목을 가장 잘 보여주는 책이다. '난중일기'라는 명칭은 조선 후기 붙여졌다. 정조는 이순신의 공을 기리면서 그의 행적 및 유고를 한데 모아 책으로 만들도록 명해 2년 뒤인 1795년(정조 19)《충무공이순신전서忠武公李舜臣全書》를 발간하게 된다. 편찬자가 일기 부분에 편의상 '난중일기'라는 이름을 붙여 전서에 수록했던 것이 그대로 전해졌다.

충무공은 임진왜란이 발발한 1592년(선조 25)부터 전쟁이 끝난 1598년(선조 31)까지 장장 1,604일간의 일과를 진중에서 친필로 작성했다. 모함을 받아 심문을 받던 기간(1597년 1~3월)을 제외하고는 적과 대치해야 하는 힘들고 바쁜 상황에서도 하루도 빼놓지 않고 글을 기록했다.

동서고금의 수많은 일기 중에서도《난중일기》는 가장 귀중한 문헌이다. 이 기록유산은 임진왜란 7년 동안의 상황을 가장 구체적이고 정확하게 알려준다. 당시의 정치·경제·사회·군사뿐만 아니라 조선 수군 연구와 전략, 전술도 고스란히 담고 있다. 실록에서 언급되지 않는 일반 백성의 모습도 엿볼 수 있다. 거북선을 만들거나 활, 화살, 총포 등 무기를 만들던 장인들, 천대받던 승려들로 구성된 의병부대, 심지어 그가 잠 못 이룰 때 거문고를 타고 피리를 불어주던 부하들에 관한 내용도 꼼꼼히 쓰고 있다.

전쟁에서의 승리는 그저 이뤄지는 게 아니다. 그는 전란을 직감하고 전쟁 전 이미 만반의 준비를 했다. 전쟁 1년 2개월 전인 1591

이순신 《난중일기》 초본
국보 제76호, 1592~1598(조선 선조 25~31)
아산 현충사

임진왜란 7년의 상황을 가장 정확하고
구체적으로 알려주는 귀중한 문헌이다.

년(선조 24) 2월 전라좌수사에 임명돼 거북선 등 병선을 만들고 압도적 성능의 총포를 확보했으며 군사들 훈련에 매진했다. 군대에 식량을 조달하는 둔전屯田 경영과 어업을 통해 부대의 재정을 마련하는 데도 게을리하지 않았다.

충무공은 무인이지만 문학에 뛰어났고 시를 짓는 데도 특출났다. 《난중일기》에서는 간결하면서도 생동감 넘치는 문장, 서정적 시구 등 그의 인간적 면모가 꾸밈없이 드러났다. 일기에서 그는 자나 깨나 나라 걱정뿐이다. "촛불을 밝히고 혼자 앉아 나랏일을 생각하니 모르는 사이에 눈물이 흐른다."(1595년 1월 1일) 충무공이 임금 선조에 대해 불만이 있었던 것으로 말하는 이도 있지만 일기에

위대한 기록을 담은 국보

**충무공 이순신의 5대손
이봉상 초상화**
일본 덴리대도서관

그 역시 무과 출신으로 충청병마절도사를 지냈다.
그의 외모는 각종 기록상의 충무공 인상과 비슷하다.

서는 그런 내용을 찾을 수 없다. "임금의 총애와 영광이 너무 커서
분에 넘쳤다. 장수라는 자리에 있으면서 티끌만 한 공로도 바치지
못하였으니…"(1595년 5월 29일) 서울로 끌려가 고초를 당하고 이로
인해 어머니가 세상을 떠났지만 불평 한마디 적지 않는다. '충'은
무인으로서 충무공이 가장 앞세웠던 덕목이었다.

　일기에는 군령을 어긴 부하의 목을 베는 장면도 자주 등장한다.
첫 출격을 앞두자 군사들은 동요했고 더러는 도망도 쳤다. "황옥천
이 집으로 도망갔다. 쫓아가 잡아 목을 베고 높이 매달았다."(1592
년 5월 3일) 백성에게 조그만 해를 끼치는 자도 용서치 않았다. "종

256

들이 고을 사람들의 밥을 얻어먹었다기에 매를 때리고 쌀을 도로 갚아주었다."(1597년 6월 3일)

군대의 총지휘자로서 규율은 서릿발 같았지만 일상에서는 따뜻한 상관이기도 했다. "아침에 옷 없는 군사 17명에게 옷을 주고 여벌로 한 벌씩 더 주었다. 하루 내내 바람이 험하게 불었다."(1596년 1월 23일) 때로는 잔치를 베풀어 위무했다. "밤이 깊도록 즐거이 뛰놀게 했는데 (…) 오랫동안 고생하는 장수들의 수고를 풀어주자는 생각이었다."(1596년 5월 5일)

가족사랑은 눈물겹다. "(어머니가) 백발이 부수한 채 나를 보고 놀라 일어나시는데 기운이 흐려져 아침저녁을 보전하시기 어렵다. 눈물을 머금고 서로 붙들고 앉아 밤이 새도록 위로하여 마음을 풀어드렸다."(1596년 윤8월 12일) 아들의 죽음은 헤어날 수 없는 슬픔이었다. 셋째 아들 이면은 정유재란 때 아산을 습격한 왜군과 싸우다가 전사한다. "저녁에 집안 편지를 전하는데 겉에 '통곡' 두 자가 씌어 있었다. (…) 하늘이 어찌 이다지도 인자하지 못하시는고. (…) 천지가 깜깜하고 해조차도 빛이 변했구나. 슬프다 내 아들아. 나를 버리고 어디를 갔느냐."(1596년 10월 14일)

일기에는 생소한 내용도 담겼다. "온갖 연구를 거듭하여 조총을 만들어내었는데 왜총보다 더 잘되어 명나라 사람들이 진중에 와서 시험으로 쏘아보고서는 좋다고 칭찬하지 않는 이가 없다."(1593년 9월 14일) 임진왜란이 조총전으로 펼쳐졌을 수도 있는 것이다.

현자총통
국립중앙박물관

충무공은 12척의 배로 133척의 일본 전함을 물리친 명량해전에서 이 화포를 크게 활용했다고 적었다. 국내에는 7점의 현자총통이 남아 있다.

"개介가 함께 했다."(1596년 3월 9일) "최 씨의 딸 귀지가 와서 잤다."(1596년 9월 9일) 여성과 함께 했다共거나 잤다宿는 일기의 몇 부분을 두고 충무공의 문란한 여성 관계가 논란이 됐다. 그러나 조선시대 동침의 표현은 근近(가까이하다), 포抱(안다), 압狎(희롱하다), 동침同枕, 동호同好로 위의 용어들은 성적 표현과 무관하다는 분석이다. 김훈의 소설《칼의 노래》에서 이순신의 여자라는 여진女眞이 1596년 9월 14일과 15일 일기에 등장하지만, 마찬가지로 동침의 말은 어디에도 없다.

우리가 알고 있는 이순신의 모습은 그 스스로가 일기를 통해 창조한 것이라며 폄훼하는 부류도 있다. 이 역시 사실이 아니다. 1598년 11월 19일 이순신이 전사하고 8일이 경과한 27일 실록은

현충사 경내의 충무공 고택
사진 문화재청

1706년(숙종 32) 충무공을 기리기 위해 이순신이 무과에 급제하기 전까지 살았던 고택에 사당을 세우고, 1707년 숙종이 직접 현충사라 이름 지었다. 일제강점기 퇴락했다가 1967년 국가에서 현충사 성역사업을 별여 지금의 모습을 갖췄다.

다음과 같이 논평한다. "이순신은 사람됨이 충성스럽고 용맹하고 재주와 지략이 있었으며 기율을 엄격히 하면서도 군졸을 사랑하니 사람들이 모두 즐겨 따랐다. (…) 순신의 부음이 전파되자 호남 일도의 사람들이 모두 통곡하여 노파와 아이들까지도 슬피 울지 않는 자가 없었다. 국가를 위하는 충성과 몸을 잊고 전사한 의리는 비록 옛날의 어진 장수라 하더라도 이보다 더할 수 없다." 당대에도 이순신은 만백성의 영웅이었던 것이다.

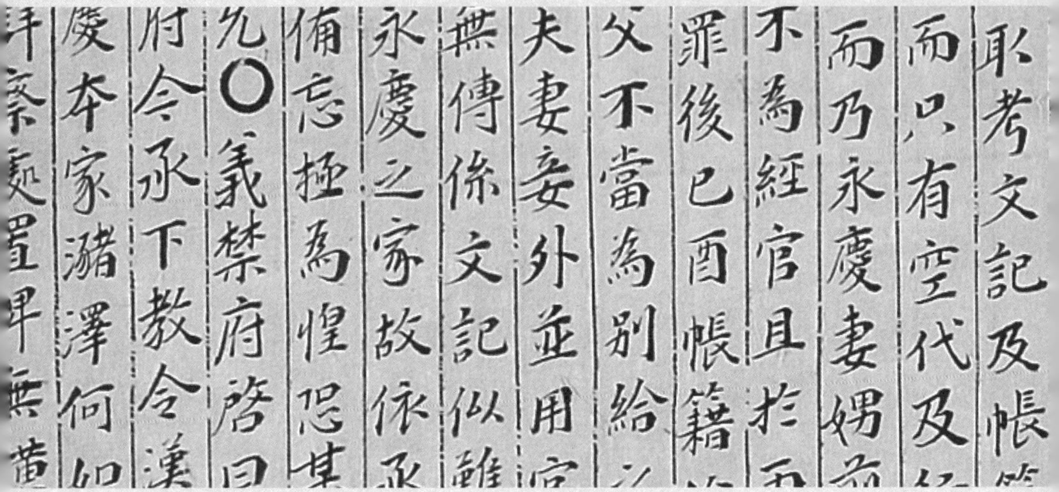

取考文記及帳籍
而只有空代及仔
而乃永慶妻娚前
不爲經官且於
罪後已酉帳籍
父不當爲別給
夫妻妾外並用
無傳係文記似雖
永慶之家故依承
俻忘挻爲惶恐甚
兀〇義禁府啓曰
吋今承下教令漢
慶本家潴澤何如
幵案處置甲無黃

실록은 승자의 기록일까

조선왕조실록

조선 제14대 왕 선조(재위 1567~1608)의 재위 40년 7개월간의 국정 전반을 기록한 《선조실록》은 1610년(광해군 2) 완성됐다. 이 실록은 집권세력인 북인이 썼고 서인, 남인 등 반대파는 폄훼했다. 서인의 사상적 출발점인 기대승(1527~1572)에 대해 "기로耆老(원로)들을 악평하여 큰 미움을 샀다"고 논평했으며 남인인 류성룡(1542~1607)은 "정사를 독단적으로 결정하면서도 나빠진 풍습을 구하지 못하였다"고 했다. 자신들의 스승인 조식(1501~1572)을 "도량이 맑고 푸르르고 두 눈에서는 빛이 나 바라보면 세속 사람이 아님을 알 수 있었다"고 칭송한 것과는 너무도 다르다.

인조반정으로 서인이 집권하면서 실록을 뜯어고치는데, 그렇게 새로 발간된 것이 《선조수정실록宣祖修正實錄》이다. 이후에도 실록은 정치적 목적에 따라 수차례 고쳐졌다. 1677년(숙종 3) 펴낸 《현종실록》은 남인이 썼다. 3년 뒤인 1680년, 남인이 서인에 의해 대거 축출되었던 경신대출척庚申大黜陟으로 서인이 국정을 장악하자 "남인이 편파적으로 기술했다"며 실록을 다시 발간했다. 1732년(영조 8) 소론이 펴낸 《경종실록》도 재차 쓰였다. 노론은 "소론이 노론을 매

《세종실록》 정족산사고본
국보 제151-1호, 조선시대, 서울대 규장각

도했다"하며 불리한 내용을 삭제하거나 수정해 1781년(정조 5) 7월
다시 펴냈다. 그렇지만 역사의 완전한 왜곡은 아니었다. 실록을 수
정하더라도 예전 기록을 파기하지 않고 함께 보존했던 것이다.

국보 제151호 《조선왕조실록》은 태조부터 철종까지 25대 472
년의 사적을 편년체編年體(역사적 사실을 연, 월, 일 순으로 기록하는 것)로
기록한 정사이다. 그 내용은 국왕과 신하들의 인물 정보, 외교·
군사 관계, 국정의 논의 과정, 의례의 진행, 천재지변·천문 관측,
호구와 세금, 요역의 통계, 지방 정보와 민간 동향, 계문·차자·상

소·비답 등 헤아릴 수 없는 많은 범위를 다룬다. 일제감정기 편찬된 고종과 순종의 실록은 편찬 규례에 맞지 않아 제외된다.

실록은 '승자의 기록', '지배자의 역사'라는 비판이 따르지만, 그런 한계 속에서도 객관성을 담보하려는 노력이 공존했다. 절대 권력자인 왕이 훼손하지 못하게 해당 왕의 사후에 만들어졌다. 실록 편찬에 사용되는 문헌도 공식 자료인 사초(사관들이 작성한 시정기) 외에 춘추관일기, 승정원일기(왕의 비서기관에서 쓴 일기), 의정부등록, 조보(관보), 비변사등록, 일성록(왕의 입장에서 펴낸 일기) 등 다양했고 개인의 일기나 문집이 포함되기도 했다.

'기록의 나라' 조선은 일찍이 실록을 매우 중요하게 여겨 4부를 인쇄한 뒤 도성 안의 춘추관사고, 충주사고, 전주사고, 성주사고 등 4개 사고에 보관해왔다. 1592년 임진왜란 때 왜군의 진로에 위치했던 춘추관사고·충주사고·성주사고본이 불탄다. 전주사고본은 정읍 유생 안의와 손홍록(1537~1600)에 의해 내장산으로 옮겨졌다가 해주, 강화, 묘향산 등을 거치면서 가까스로 멸실을 피했고 1603년에 강화부로 이전됐다.

전란을 수습한 조선은 유일하게 남은 강화도의 전주사고본을 바탕으로 3부를 더 찍어 각각 태백산(봉화), 오대산(평창), 묘향산(평안북도), 춘추관에 봉안했다. 이후 춘추관사고본은 이괄의 난(1624) 때 또다시 불타 없어졌고, 전주사고본은 강화 마니산에 있다가 정족산으로 위치를 바꿨다. 묘향산 사고는 후금과의 관계가 악화되

일제강점기 봉화 태백산사고 전경
사진 국립중앙박물관

면서 적상산(무주)으로 이전된다. 최종적으로 강화 정족산, 태백산, 오대산, 적상산 등 4개 사고 체계를 갖췄다.

실록은 한일합방 후 다시 한번 변화를 겪는다. 정족산본과 태백산본은 조선총독부로 옮겨졌다가 경성제국대학을 거쳐 해방과 함께 서울대로 이관됐다. 오대산본은 1913년 일본 동경제국대학으로 반출된 후 관동 대지진 때 소실돼 74책이 남았다가 그중 일부인 27책이 1932년 경성제국대학으로 반환됐다. 나머지 47책은 2006년 환수돼 현재 74책이 서울대 규장각에 보관돼 있다.

구황실 장서각(창덕궁 낙선재 옆)에 두었던 적상산사고본은 한국

전쟁 중 북한군이 가져갔다. 북한은 적상산사고본이 애초 묘향산 사고에서 이전해와 자기들 소유라고 생각했던 것이다. 태백산본은 분산하여 보관하기 위해 1985년 국가기록원 역사기관으로 옮겨졌다. 종합적으로 현재 정족산본 1,181책(완질본), 태백산본 848책, 오대산본 74책, 기타 산엽본(흩어져 있는 것을 묶은 것) 21책 등 총 2,124책이 남아 있다.

실록에는 인물 평가가 무수히 등장한다. 대체로 좋은 점과 비판적 입장을 동시에 기술해 인물을 이해하는 중요한 기초가 된다. 인조의 장남 소현세자(1612~1645)의 죽음과 관련한 기록을 살펴보자. 소현세자는 청나라에 볼모로 잡혀 있다가 귀국한 지 얼마 안 돼 의문사를 당했다. 청나라에서 개혁적 성향을 키웠던 소현세자에 불안감을 느낀 인조(재위 1623~1649) 등 보수세력이 세자를 독살했다는 주장이 계속 제기됐다. 1645년(인조 23) 4월 26일자 실록은 "세자는 학문을 폐하고 오직 재물과 이익만을 추구하였고 토목 공사를 일삼았으며 말과 개를 가까이해 크게 인망을 잃었다. 세자가 10년 동안 타국에 있다가 본국에 돌아온 지 겨우 수개월 만에 병이 들었는데 의관들이 함부로 침을 놓고 약을 쓰다가 끝내 죽기에 이르렀다"고 서술한다. 의관에게 책임을 전가하고는 있지만, 분명히 자연사나 병사는 아니었음을 진술하는 것이다.

암행어사의 대명사 박문수(1691~1756)는 당파 싸움의 선봉에 섰고 농담을 잘하는 실없는 인물로 묘사된다. 1756년(영조 32) 4월 24일자

박문수 초상화
일본 덴리대도서관

실록에는 다양한 인물평이 나온다. 박문수는 암행어사로 잘 알려져 있지만 실록에서는 그가 임금을 만나는 자리에서 농담을 잘해 거칠고 조잡하다고 비판한다.

실록은 "호조 등의 판서를 하면서 잘못된 제도를 개혁해 바로잡았고 여러 차례 병권을 장악하면서 사졸들의 신망이 두터웠다. 그러나 임금과 신하들이 만나는 자리에서 때때로 골계滑稽(농담)를 하여 거칠고 조잡한 병통이 있었다"면서 "이광좌(소론의 거두·1674~1740)를 추종해 지론이 시종일관 변하지 아니하여 끝내 정승이 되지 못했다"고 썼다.

대쪽같은 사관들이 쓴 실록은 뜻밖에도 섹스 스캔들이나 근친상간, 자신들의 성적 정체성을 과시한 여인들도 숨기지 않고 다뤘다. 1427년(세종 9)에는 희대의 섹스 스캔들이 발생해 세상을 충격에 빠뜨렸다. 한성부사 유귀수의 딸이며 평강현감 최중기의 부인인 유감동이 무려 40명이 넘는 남자들과 간통한 사건이다. 실록에 따르면, 유감동은 벼슬아치, 아전 등 신분을 가리지 않고 관계했다. 심지어 시누이의 남편과도 불륜을 저질렀다. 유감동은 곤장을 맞고 변방으로 쫓겨났을 뿐 죽음은 피했다.

세종대왕 때 유독 이상한 일이 많아 심지어 세자빈이 동성애를 즐기는 사건도 터졌다. 실록에 의하면, 1436년(세종 18) 세자(문종)가 부인 봉 씨에게 무관심하자 봉 씨는 궁녀 소쌍과 동성애에 빠졌다. 소쌍을 불러 추궁하자 "빈께서 병풍 뒤에서 옷을 다 벗겨 눕혀놓고 남녀가 교합하는 것처럼 희롱하였다"고 자백했다. 봉 씨는 폐출됐다. 1461년(세조 7)에는 내시 김덕련의 아내 종비가 여러 남자와 간음한 사건이 일어났다. 조선 중기 이후 성리학이 교조화되고 처벌이 강화되면서 지배층의 대규모 섹스 스캔들도 자취를 감춘다. 실록은 이야기의 보고이다.

국보 도난의 역사

"불상은 한강 철교 3교각 16·17번 침목 밑 모래밭에 묻어 놓았으니 찾아가라."

1967년 국보 제119호 금동연가7년명여래입상이 덕수궁미술관 특별전 도중 진열장에서 도둑맞는 어처구니없는 사건이 발생했다. 미술관 측은 10월 24일 오전 9시 전시실 문을 열고 9월 24일부터 한 달 동안 계속돼 온 〈해방 후 출토·발굴 문화재 특별전〉 관람객을 입장시키고 있었다. 미술관 경비가 불상이 없어진 사실을 확인한 것은 10시 40분. 텅 빈 유리곽 속에는 "오늘 안으로 반환하겠다. 국장(문화재관리국장)에게 알리겠음"이라는 메모가 남겨져 있었다.

금동연가7년명여래입상
국보 제119호, 539년(고구려 안원왕 9)
국립중앙박물관

특별전 도중 유물을 감쪽같이 도둑맞았다.
절도범의 전화를 받고 한강 철교 밑의 모래
밭에서 불상을 찾았다. 불상을 되돌려주는
조건으로 범인이 문화재관리국에 20만 원
을 요구했다는 소문이 무성했다. 국보 절도
범들은 훔쳐 달아나기 쉬운 작은 불상, 회화
류, 고서적 등을 주로 노린다.

국보 제119호는 '연가延嘉'라는 연호(고구려 연호로 추정)가 새겨진
불상이다. 광배 뒷면에 4행, 47자의 해서체 명문이 있다. 1963년
경남 의령에서 발견된 이 불상의 명문에는 기미년 고구려 평양 동
사東寺에서 조성된 천불 중 29번째 불상이라고 새겨져 있다. 기미
년은 539년(안원왕 9)으로 추정된다. 불상은 강인하고 격렬한 고구
려의 표현 양식을 잘 보여준다.

발칵 뒤집어진 문화재국은 즉각 치안국에 신고했으며 전국의 공항·항만에 긴급 봉쇄령이 내려져 비상검문이 실시됐다. 범인은 그날 약속대로 문화재관리국장에게 세 차례 전화를 걸어 돌려주겠다는 말을 했고, 밤 11시 5분 마지막으로 전화해 불상을 숨겨둔 장소를 첩보영화처럼 통보한다. 경찰에 알리지 않은 채 문화재관리국장이 한강으로 가보니 과연 비닐에 쌓인 불상이 모래에 묻혀 있었다. 범인은 놓쳤고, 불상 반환을 조건으로 범인이 20만 원을 요구했다는 소문만 무성했다.

두 달여 뒤인 12월 30일에는 《난중일기》(국보 제76호)가 도난당했다. 범인은 한밤중에 충남 아산 현충사에 침입해 《난중일기》를 가져갔다. 사건 발생 열흘 만인 1968년 1월 9일 범인이 부산에서 체포되고 유물도 무사히 되찾았다. 범인은 《난중일기》를 일본에 팔기 위해 부산에서 루트를 찾고 있었다고 자백했다. 왜군을 크게 무찔러 민족과 국가를 지킨 충무공의 애국혼이 담긴 친필 기록물이 일본으로 넘어갈 뻔했던 아찔한 순간이었다.

1970년 7월에는 경주 옥산서원에서 보관 중이던 국내에서 가장 오래된 정사 《삼국사기》(당시 보물)가 자취를 감췄다. 원래 옥산서원에는 《삼국사기》가 두 질 있었는데 한 질은 끝내 찾지 내지 못한 채 경찰 수사도 중단됐다.

1177년(고려 명종 7)에 제작된, 국내 향완 중 가장 오래된 표충사 청동 은입사 향완(국보 제75호)은 1965년 1월 새벽 없어졌다. 사찰 측은 향로가 사라진 것조차도 몰랐다. 우연히 밀양교육청이 그날 향로 보존 상태를 확인하러 갔다가 향로 유물함이 무참히 부서진 것을 보고서 도난당한 사실을 알았다. 5월 23일 밤, 70일간이나 수사망을 피해 다니던 주범이 체포됐다. 수사 결과, 범인 중 한명이 한국은행 촉탁으로 고금화폐 컬렉션 감정·정리를 맡고 있던 고화폐 전문가였던 것으로 드러나 충격을 줬다.

소형이면서도 조각 기법이 뛰어난 순천 송광사 목조삼존불감(국보 제42호)은 1974년 10월 9일 사찰 직원이 훔쳐 달아났다. 범인은 인천 남구 숭의동의 한 골동상에 팔려고 했고 이를 의심한 골동상의 신고로 범행이 들통 났다. 불감은 하루 만에 돌아왔고, 범인은 38일 도피 행각 끝에 붙잡혔다. 이 목조삼존불감은 당나라에서 제작된 것으로 국내 불감 중에서 매우 이른 시기의 작품이다.

2000년대에도 국보 도난 사건은 끊이지 않는다. 2003년 5월 충남 공주시 국립공주박물관에 전시 중이던 공주 의당 금동보살입상(국보 제247호)이 강탈당했다. 2인조 강도는 5월 15일 밤 10시 25분에 칼과 전기충격기로 당직 학예연구사를 위협해 눈과 입을 가린 뒤, 전시실 진열장 유리를 깨고 금동보살입상과 고려 상감청자 두

순천 송광사 목조삼존불감
국보 제42호, 신라 말~고려 초, 송광사 성보박물관

사찰 직원이 훔쳐 달아났지만 인천
골동상 신고로 되찾았다.

점, 조선 분청사기 한 점을 들고 도주했다. 곧 범인을 잡고 무사히
유물도 되찾았지만, CCTV가 없고 당직실 문도 잠그지 않았던 허
술한 박물관 보안에 질타가 쏟아졌다.

2001년 없어진 소원화개첩(국보 제238호)은 여전히 오리무중이
다. 그해 1월 초 소장자의 서울 소재 아파트에서 문화재 100여 점
과 함께 도둑맞았으며, 지금도 행방을 모른다. 소원화개첩은 명필
안평대군이 당나라 시인 이상은의 시를 적은 글씨 첩이다. 안평대

공주 의당 금동보살입상
국보 제247호, 백제시대(7세기 초)
국립공주박물관

2003년 2인조 강도가 흉기로 학예연구사를 위협해 금동보살
입상을 들고 갔다. 범인은 곧 잡혔고, 불상도 회수했다. 불상
은 7세기 백제 작품으로 추정된다.

군 글씨는 그가 수양대군에게 죽임을 당한 뒤 모두 불태워졌다. 소
원화개첩은 국내에서 발견된 그의 유일한 작품이어서 가치가 매우
높다.

  2019년 말 기준으로 도난 피해를 입은 국보, 보물 등 국가지정
문화재는 총 2,438점이었으며 이 가운데 1,552점은 아직까지 찾지
못하고 있다.

위대한 기록을 담은 국보   273

7부

이국의 향기 품은
우리 국보

서역풍 불상의 얼굴은 한국인?

감산사 입상

"개원 7년 기미년(719년, 성덕왕 18) 2월 15일에 중아찬 김지성 (652~720)은 받들어 돌아가신 아버지 인장 일길찬과 돌아가신 어머니 관초리 부인을 위하여 감산사와 석조아미타상 1구와 석조미륵상 1구 를 삼가 만든다."

국보 제81호 경주 감산사 석조미륵보살입상의 광배 뒷면에 새 겨진 명문이다. 이 불상과 한 세트를 이루는 국보 제82호 경주 감 산사 석조아미타여래입상에도 같은 내용이 기술돼 있다.

두 불상의 명문에는 감산사의 창건 유래가 상세히 적혀 있다. 국왕과 세상을 떠난 부모, 죽은 아내, 죽은 동생, 죽은 누이 등을 위해 김지성 본인 소유의 감산사 터와 재산을 바쳐 절을 세웠다는 내용이다. 명문은 김지성의 사망 직후 새겨졌고 성덕왕의 지시를 받아 나마(17관등 중 11번째) 총이 글을 짓고, 사문(승려) 경융 등이 글씨를 썼다.

절을 짓고 불상을 만든 김지성의 신분은 중아찬이다. 중아찬은 신라 17관등 중 여섯 번째인 아찬 중 하나이다. 아찬은 신라 골품 제에서 6두품이 올라갈 수 있는 최고의 관등이었다. 따라서 김지성의 신분은 6두품이다. 최치원, 원효 등 뛰어난 학자와 고승들도 6두품이었다. 하지만 진골 귀족에게 차별받는 신분으로 신라 신분제의 모순을 상징하는 계급이기도 했다. 벼슬도 중앙 각 부서의 차관직인 시랑侍郞이나 경卿까지만 오를 수 있었다. 장관직은 진골의 몫이었다.

김시성은 비록 6두품이었지만 왕이 직접 감산사 그의 불상에 글을 쓰도록 명할 만큼 많은 업적을 남겼고 그를 향한 왕의 총애도 극진했다. 불상의 명문도 김지성이 집사부(왕의 명령을 전달하고 기밀 관리를 하던 관서) 시랑을 지냈고 지략이 뛰어나 관직에서 물러나서도 왕의 부름을 받았다고 밝히고 있다. 대중국 외교관으로서 자질을 갖춰 당에서 상사봉어의 관직을 받기도 했다고 설명한다. 김지성은 67세에 벼슬에서 물러난 후 노장사상을 흠모해 전원에서 중국 고전과 불법의 연구에 몰두했다. 2년 뒤인 69세에 졸한다.

그의 부친인 인장 일길찬은 47세에, 모친인 관초리 부인은 66세에 사망했고 유골은 화장돼 동해 바닷가에 뿌려졌다. 명문은 그가 죽기 1년 전 부모를 생각해서 서라벌 동남쪽 20리쯤 토함산 기슭(경주시 외동읍)에 감산사를 지었다고 말한다. 노년의 김지성은 오래전 돌아가신 부모님을 향한 그리움을 담아 불상을 제작했다. 미래의 부처인 미륵보살상(높이 2.7m)은 어머니를, 영원한 생명의 부처인 아미타여래상(높이 2.75m)은 아버지를 위한 조각이다. 미륵보살상은 여자, 아미타여래상은 남자 안면을 하고 있는데 실제 사람을

경주 감산사 석조미륵보살입상
국보 제81호, 720년(통일신라 성덕왕 18)
국립중앙박물관

신라 사신 김지성은 관능적이며 사실적인 묘사가
특징적인 서역풍 불상을 신라에 처음 도입했다.
그가 불상을 만들면서 자신의 어머니 얼굴을 형상
화했을 것이라는 주장이 제기된다.

경주 감산사 석조아미타여래입상
국보 제82호, 720년(통일신라 성덕왕 18),
국립중앙박물관

국보 제81호와 한 쌍인 석조아미타여래입상이다.
역시 김지성이 아버지의 얼굴을 불상에 새긴 것으
로 추측된다.

보는 듯 인상이 생생하다. 미륵보살상에는 어머니 얼굴을, 아미타
여래상에는 아버지 모습을 담았던 것이다.

아미타여래불은 몸에 대의(승복 중 가장 큰 것)만을 걸쳐 절제되고
단정한 아름다움을 보여준다. 당당하고 위엄이 있으며 인체 비례
에 가까운 사실적 묘사가 돋보인다. 반면 미륵보살은 옅은 미소를
띤 얼굴에 머리의 보관부터 목걸이, 팔찌, 영락 등 온몸을 갖은 장
식으로 치장하고 있으며 입체적이면서 생동감 넘치는 부드러운 곡
선이 강조돼 있다. 화려함이나 조각의 세밀함에서 미륵보살상이
아미타여래불을 앞서고 있어서 어머니를 형상화한 미륵보살상이

논으로 변한 경주 감산사지
일제강점기, 사진 국립중앙박물관

감산사 두 불상은 1915년 무렵에 서울로 옮겨졌다.

좀 더 중요한 불상으로 모셔졌을 것으로 추측된다. 《삼국유사》 〈탑상편〉 남월산조에도 "미륵존상이 감산사의 금당주(본당의 주존)였다"고 적혀 있다.

두 불상은 제작연도는 물론 날짜까지 정확히 아는 거의 유일한 조각이다. 통일신라 불교 조각사의 전기에 해당하는 7세기 후반부터 8세기 중반까지 불상 중에는 제작연도를 알 수 있는 기년명 작품이 드물다. 시기가 확실한 것은 706년의 경주 황복사지 3층 석탑에서 출토된 금제여래좌상, 751년의 석굴암 본존불 정도이다.

무엇보다 감산사 불상은 외래 양식의 수용 과정을 보여줘 한국 조각사에서 매우 중요한 위치를 차지한다. 두 불상은 사실적이면서 관능적인 서역풍을 반영하고 있어 한눈에 보기에도 이국적이다. 당나라의 불상은 7세기 중후반 현장 등 구법승으로 상징되는 인도 및 서역과의 활발한 교류를 배경으로 새로운 조각 양식을 수용해 크게 변화했다. 신라도 7세기 후기부터 당의 불교 조각 양식을 적극 수용해 발전시켜 나갔다. 감산사 불상의 신체와 밀착된 옷의 표현, 아미타여래상의 Y자형 옷 주름, 미륵보살상의 천의, 늘어진 영락 장식 등은 당시 동아시아에서 새롭게 유행하던 국제적 조각 양식을 잘 보여준다.

제33대 성덕왕(재위 702~737) 대는 신라 전 역사에서 가장 번성했던 시기다. 성덕왕은 35년간 재위하면서 통치체제를 정비하고 국가 경제를 안정화해 통일신라의 전성기를 열었다. 고려의 문종, 조선의 세종대왕과 곧잘 비교된다.

그는 불교에 깊은 관심을 보여 드물게 전광대왕典光大王(열 명의 저승세계 왕 가운데 첫 번째 왕)이라는 불교식 왕명을 가졌다. 다양한 불사에 관여해 705년 오대산에 진여원(상원사)을 열고 화엄종 운동인 화엄결사의 성립을 국가적으로 지원했으며 이어 706년 증조부인 태종무열왕을 기리는 봉덕사를 창건하고 법회 의식인 인왕도량을 주관했다.

그는 선진 불교 문화를 도입하기 위해 총 43회에 걸쳐 당에 사신을 파견했다. 이는 신라와 당의 교류사 전체의 3분의 1에 해당하는 횟수이다. 김지성도 705년 당에 사신으로 다녀왔다. 불교문화는 주로 승려의 교류를 통해 수용됐지만 공식적인 외교 사신들도 불교 문화를 들여오는 데 일조했다. 실제 704년 당에 사신으로 갔던 김사양이 귀국할 때 당시의 최신 한역 경전인 《금광명최승왕경金光明最勝王經》을 가져온 사례가 있다.

감산사 불상들의 모본이 되는 도상도 김지성이 당에서 직접 가져왔을 가능성이 있다. 이들 상은 정면에서 보면 부피감이 있지만 옆에서는 입체감이 적고 몸체도 네모난 형태를 띤다. 중국 불상에서 보이는 인체의 관능적 아름다움의 강조나 과장의 경향과는 분명히 다르다. 모본이 3차원의 조각이나 부조가 아닌 2차원적인 회화였을 것으로 짐작되는 이유다. 넓적한 얼굴, 수줍은 듯한 표정, 세부 처리의 도식적 경향 등은 신라인이 지녔던 불성의 관념, 그들이 선호했던 미감을 반영하고 있어 불교 조각이 신라화 되는 내막도 보여준다.

감산사 불상은 석굴암과 불국사에도 많은 영향을 주었다. 김지성이 부모의 극락왕생을 기원하며 감산사 불상을 만들었듯 석굴암과 불국사 건립은 경덕왕 대에 재상을 지낸 김대성이 각각 전생과 현생의 부모를 위해 창건을 추진했다. 감산사 불상에 담긴 신라인의 독실한 신앙심과 부모를 향한 절절한 효사상이 석굴암으로도 이어져, 조형적으로 최고의 완성도를 지닌 대예술품이 탄생할 수 있었던 것이다.

적국의 안녕을 위해 세운 탑

경천사지 10층 석탑

1907년 2월 4일, 200명의 괴한들이 황해도 개성 부소산 기슭의 고려 절터에 들이닥친다. 이들이 노린 것은 이국적 자태를 뽐내는 경천사지 10층 석탑이었다. 괴한들은 탑을 무단으로 해체하기 시작했다. 주민들이 소식을 듣고 탑을 지키기 위해 달려 나왔으나 괴한들은 총칼로 주민의 접근을 막은 채 달구지 10여 대에 탑을 나누어 싣고 서둘러 달아났다. 결국에 이들은 철도를 이용해 일본 도쿄로 석탑을 빼냈다.

　　희대의 문화재 약탈사건의 범인은 일본 궁내청의 대신인 다나카 미쓰아키田中光顯 자작이었다. 그는 오래전부터 경천사탑을 탐냈다. 그러던 중 1907년 1월 20일 순종 결혼식에 일본 특사로 파견되자 탑을 빼내기 위한 치밀한 계획을 세운다. 탑 밀반출에 인부 200명과 수레 10여 대, 무기를 동원했으며, 반발하는 개성 주민에게 "고종 황제 허락을 받았다"고 거짓말하고 이마저 먹혀들지 않자 무력으로 주민들을 제압했던 것이다.

　　연일 이 사건이 우리 언론에 오르내렸고 외국 여론은 물론 일본인들 사이에서조차 비난의 목소리가 거세지며 파장이 확대됐다.

1907년의 경천사지 10층 석탑
사진 국립중앙박물관

일본 궁내청 대신이 약탈해가기 전인 1907년 개성 개
풍군 광덕면 부소산의 경천사지 10층 석탑 모습이다.
이 탑은 원나라 간섭기인 1348년 친원세력들이 기황
후의 안녕을 기원하며 건립했다.

다나카는 이를 의식해 본인 저택 정원에 포장도 풀지 않은 채 탑을
방치했다. 1916년 새 총독으로 부임한 하세가와 요시미치長谷川好道
가 "하등의 수속도 거치지 않고 운반해 갔으므로 어떤 구실로도 사
유물이 될 수 없다"고 압박하자 다나카는 1918년 11월 15일 마지
못해 탑을 되돌려 보낸다.

반복된 해체와 운반을 거치며 탑은 큰 상처를 입었다. 이로 인
해 반환된 상태 그대로 경복궁 근정전 회랑에 보관되다가 광복

경복궁에 세워진 경천사지 10층 석탑
사진 문화재청

경천사지 10층 석탑은 일본으로 무단반출
됐던 것을 되돌려받아 1960년 경복궁 야외에
옮겨 놓았다.

이국의 향기 품은 우리 국보

경천사지 10층 석탑 현재 모습
국보 제86호, 1348년(고려 충목왕 4)
사진 문화재청

경천사지 10층 석탑은 현재 국립중앙박물관
전시동 1층에 세워져 있다.

을 맞았다. 1960년 경복궁 야외에 세워졌지만 날림 조립이었다. 1995년, 대대적인 경복궁 복원계획이 진행되면서 10년에 걸친 복원 작업을 통해 현재 모습으로 재탄생했다. 높이 13.5m의 경천사지 10층 석탑은 현재 서울 용산 국립중앙박물관 전시동 1층 중앙에 우뚝 서 있다.

경천사는 고려 전기 창건된 것으로 파악된다. 이 사찰은 고려 역대 왕과 왕후의 제사를 지내던 중요 사찰이었다. 《고려사》에 의

하면, 1118년 고려 제16대 예종이 아버지인 숙종 기일에 이곳에서 제사를 지냈고 1134년 제17대 인종은 어머니인 문경태후 추모제를 개최하기도 했다. 18대 의종, 31대 공민왕 등도 이 절에 자주 거둥했다.

경천사탑은 원나라 간섭기에 조성됐다. 이 탑의 제1층 탑신석(석탑의 몸체를 이루는 돌)에 새겨진 명문에는 놀라운 비밀이 숨겨져 있다. 연대와 발원자, 조성 배경을 알려주는 명문은 이렇게 기록한다. "대화엄 경천사에서 1348년(고려 29대 충목왕 4) 3월 세워졌고 발원자는 중대광 진녕부원군 강융, 원사 고용보, 대화주 성공, 법산인 육이이다. 황제와 황후, 황태자의 안녕을 기원하면서 조성하였다."

강융은 관노 출신이었지만 딸이 원나라 승상 탈탈(1314~1355)의 애첩이 돼 권세를 누렸다. 고용보는 고려 출신 환관으로 원나라 간후 황제의 신임을 얻어 출세했다. 그는 원나라에 공녀로 간 기황후(생몰년 미상)를 순제(원나라 마지막 황제)에게 선보여 황후에 오르게 한 인물이다. 경천사지 석탑 건립의 주도적 인물들은 핵심 부원세력이었던 것이다. 이들이 안녕을 기원했던 황후는 바로 기황후이고, 황태자는 그녀 아들인 아유르시리다르(북원의 2대 황제)이다.

탑을 세운 목적부터 친원적이었고, 이에 따라 탑의 형태도 우리나라 석탑의 외형과 매우 다르다. 1층에서 3층까지의 기단부는 '아(亞)'자 형태로 사면이 돌출돼 있다. 이런 양식은 우리나라에서 전례를 찾을 수 없다. 원대에 유행한 라마교 불탑의 기단부나 불상 대좌와 유사한 외래적 요소다. 《동국여지승람》도 경천사탑에 대해 "원에서 기술자들을 모집해와 탑을 만들었다"고 기술한다. 재료도 우리가 쓰지 않는 대리석이다. 대신 4층부터 10층까지 탑신 부분은 우리 전통의 사각형 평면구조를 따르고 있다.

전체적으로 균형미가 뛰어나며 장식이 풍부하고 조각 수법이 탁월하다. 지붕과 기둥, 처마, 난간 등 세밀한 표현은 고려시대 목조건축의 모습을 생생하게 반영한다. 기단과 탑신에는 화려한 조각이 빈틈없이 채워져 있다. 석탑의 백미는 석탑 전체에 정교하게 새겨진 불보살이다. 층별로는 기단부에 사자, 용, 연꽃, 서유기 장면 등 불법 수호자와 나한들이, 1층에서 4층까지는 부처의 법회 장면이, 5층에서 10층까지는 합장한 불좌상이 빼곡히 조각돼 있다. 상층부로 올라가면서 불교적 위계가 높아지는 것이다.

경천사탑과 판박이인 탑이 서울 도심 한복판에 있다. 종로구 탑골공원의 원각사지 10층 석탑(국보 제2호)이다. 조선 유일의 석탑이며 높이는 12m다. 원각사지 10층 석탑이 높이만 조금 작을 뿐 두 탑은 외형이 거의 흡사하고 재질도 동일하다.

조선 초만 해도 경천사는 왕들이 수시로 찾는 절이었다. 태조 이성계(재위 1392~1398)는 1393년 신하들과 이곳에서 천추절千秋節(중국 황태자 생일) 기념행사를 열었다. 1394년 태조의 아버지인 환조의 추모제를 지냈으며 1397년 계비인 신덕왕후를 위한 법회도 열

원각사지 10층 석탑
국보 제2호, 사진 국립중앙박물관

1946년 2월 미군 공병대가 분리돼 있던 원각
사지 10층 석탑을 기중기로 올려 쌓은 뒤 기념
촬영을 하고 있다. 원각사지 10층 석탑은 경천
사지 10층 석탑을 모방해 지었다.

었다. 경천사가 고려 왕조의 사찰이기도 했지만 고려의 후계자를 자처했던 이성계 등 조선 초기 왕들도 원찰로 이용했던 것이다.

독실한 불교 신자였던 제7대 세조(재위 1455~1468)는 1465년 효령대군(1396~1486)에게 명해 원각사와 탑을 건설했다. 탑은 건국 초 조선 왕실의 사찰이었던 경천사탑을 모방했다. 원각사와 원각사탑은 외국에서 구경 올 정도로 명물이었다. 그러나 원각사는 불과 30여 년 만에 폐사된다. 연산군(재위 1494~1506) 때 절을 허물어 기생들과 악사를 관리하는 장악원을 설치한 데 이어 중종반정 이후 공신들이 절터에 집을 신축하면서 사찰은 사라졌다.

원각사탑은 경천사탑과 마찬가지로 탑을 받쳐주는 기단이 3단으로 돼 있고 '아'자 모양이다. 기단의 각 층 옆면에는 용, 사자, 연꽃무늬 등 갖가지 장식이 화려하게 조각됐으며 4층부터 정사각형 평면을 이룬다. 목조건축을 본뜬 외관 역시 구석구석을 장식으로 꽉 채웠다.

원각사는 허물어졌지만 석탑은 원래의 자리를 줄곧 지켰다. 탑은 오랜 기간 7층까지의 아랫부분과 상부 3개 층이 분리된 상태로 남아있었는데 광복 후인 1946년 2월 미군 공병대가 기중기를 사용해 하나로 합쳤다. 대리석 부재의 부식이 심해지자 2000년에는 유리 보호각을 씌웠다.

경천사탑은 적국의 황제 일가 안녕을 위해, 적국의 기술자가 투입돼 건립했다. 그렇지만 탑신은 우리의 석탑 양식을 지켜 이질적

원각사지 대원각사비
보물 제3호, 사진 국립중앙박물관

일제강점기의 사진이다. 원각사의 창건 과정을 기록한 대원각사비 주변에 연못이 있고 그 안에서 아이들이 물놀이를 하고 있다. 원각사지 10층 석탑은 두 동강이 난 채 오랜 기간 방치됐다. 경천사지 10층 석탑 못지않게 원각사와 원각사지 10층 석탑도 고난을 겪었다.

요소들의 융합을 추구했다. 조선 왕실의 발원으로 세워진 원각사지 10층 석탑이 경천사탑 형태와 도상을 그대로 계승한 것에서 알 수 있듯이 경천사 석탑은 한국의 석탑 문화에도 많은 영향을 주었다. 일각에서는 경천사탑을 평가절하하지만, 무의미하고 소모적인 논쟁일 뿐이다.

2,000년 전 한반도로 집단이주한 중국인의 자취

석암리 금제 띠고리

중국인들을 스스로를 한족漢族이라 말하며, 한족 정체성의 출발점인 한나라(기원전 206~기원후 220)를 중국 역대 왕조 중에서 가장 자랑스럽게 인식한다. 그런데, 1968년 중국 하북성 만성의 유승劉勝(?~기원전 113)묘, 1970년 호남성 장사시長沙市 교외의 고분에서 한나라 문물이 쏟아지기 전까지 한대 문화의 가장 중요한 유물이 나왔던 장소는 다름 아닌 한반도였다. 평양 근교 대동군 대동강면을 중심으로 한 낙랑 고분군에서다.

'낙랑'은 한나라 제7대 무제(재위 기원전 141~87)가 기원전 108년 위만조선을 멸망시키고 설치한 식민통치 기관 중 하나이다. 동북아 고대사에서 낙랑의 위치는 매우 중요하다. 낙랑 직전의 국가인 고조선이 어디에 있었느냐와 관련된 문제이기 때문이다. 재야 쪽에서는 "낙랑군 수성현遂城縣에는 갈석산이 있는데 만리장성의 기점"이라는《사기史記》〈태강지리지太康地理志〉 등의 기록을 근거로 '요서설'을 제시한다. 갈석산이 북경 근처 요서지방에 위치하기 때문에 낙랑이 요서 인근이었다는 주장이다.

반면, 마지막 고조선의 왕조인 위만조선의 수도가 평안도 평양

낙랑시대 점제현 신사비
평안도 용강군 소재, 사진 국립중앙박물관

우리나라에서 가장 오래된 비석으로 "곡식이 풍성
하고 백성이 모두 편안하기를 신에게 빈다"는
내용이 새겨져 있다. 《한서》〈지리지〉에 점제현은
낙랑군 25현 중 하나로 표시돼 있다. 1914년 조선
총독부 고적 조사단이 발견했다. 이 비석은 낙랑이
평양 주변에 있었다는 증거로 거론된다.

이었고 위만조선이 한나라에 멸망한 뒤 낙랑이 들어선 곳도 평양
주변이라는 게 주류학계의 입장이다. 이들은 일제강점기 집중적으
로 발굴된 평양 일대의 낙랑 유적을 그 증거로 제시한다.

낙랑 유적은 평안도와 황해도 일원에 광범위하게 분포한다. 일
제강점기 조사보고서에서 평양 근교와 황해도에 걸친 낙랑고분은
총 1,400여 기에 달하는 것으로 밝혀졌다. 발굴조사 작업은 동경
제국대 조교수 세키노 다다시가 주도했다.

1909년 10월 고적 조사를 위해 평양에 들른 세키노는 대동강
남안인 대동강면에 시대를 알 수 없는 고분들이 몰려 있다는 얘기

를 듣는다. 조수 두 명을 데리고 조사해 보니 과연 오래된 무덤이 널려 있었고 그중 두 기를 골라 시굴에 들어갔다. 벽돌로 꾸민 무덤 방에서는 거울을 비롯해 무기, 토기 등 한나라 시대 유물이 발견됐다. 이는 서막에 불과했다. 이듬해 가을 또 다른 낙랑고분에서도 많은 발굴품을 찾아냈다. 이어, 1911년 10월 황해도 사리원 근처 조사에서는 대방군 태수 장무이張撫夷의 무덤과 대방군의 관청터治址가 발견된다. 1913년 9월에는 평안도 진남포와 황해도 봉산군의 유적·고분을 파내 한대의 와당(막새기와), 복식품, 동기, 도기, 칠기, 옥석기, 무기 등 풍부한 부장품을 챙겼다.

1916년 세키노는 탁지부 차관인 아라이 겐타로荒井賢太郎의 지원을 받아 정식 발굴대를 구성하고 평양 대동군 석암리 낙랑고분 열 기를 발굴한다. 발굴대는 막대한 양의 부장품과 함께 예상치도 못한 대수확을 건져 올렸다. 바로 제9호 고분에서 수습된 평양 석암리 금제 띠고리(버클)다.

섬세한 순금 세공에 비취를 박은 띠고리는 한대 문화의 극치를 보여주는 세계적인 발견이라는 찬사가 쇄도했다. 길이 9.4㎝, 너비 6.4㎝이며, 띠고리에는 금실과 금 알갱이로 큰 용 한 마리와 작은 용 여섯 마리가 새겨져 있다. 용과 용 사이에는 꽃잎 모양의 윤곽에 비취옥을 끼워 넣어 장식했는데 비취옥은 현재 일곱 개만이 남아 있다. 금실을 이용해 장식하는 누금鏤金세공의 수법이 매우 뛰어나며, 용 일곱 마리의 배치도 율동적으로 표현됐다.

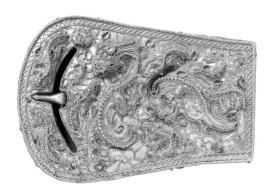

석암리 금제 띠고리
국보 제89호, 낙랑시대
국립중앙박물관

평양 석암리 제9호분에서 출토된 이 띠
고리는 섬세한 순금 세공이 돋보이는
수작이다. 한대 문화의 극치를 보여주는
세계적 발견이라는 찬사가 쏟아졌다.

이를 계기로 "낙랑고분에 순금 보화가 무더기로 묻혀 있다"는
엉뚱한 소문이 퍼지면서 1920대 초중반 불법 도굴업자들이 난무
하는 최악의 '대난굴 시대'가 전개된다. 평양 시민으로서 낙랑 거
울과 낙랑 토기 항아리 한 개쯤 없으면 바보 취급을 받는다는 말까
지 떠돌 지경이었다. 낙랑고분 조사보고서도 "1,400기의 고분 중
에서 도굴을 면한 것은 겨우 140기뿐"이라고 기술한다.

재야 쪽에서는 한반도 서북부에서 쏟아져 나온 한대 유물, 즉
낙랑의 유물을 부정한다. 세키노 다다시가 한대의 도굴품 등을 중
국에서 들여와 조작했다는 것이다. 하지만 한두 점이면 몰라도 유
물은 추정이 힘들 만큼 엄청난 양이다. 일본으로 반출된 출토품의
규모는 가늠하기조차 힘들다. 국립중앙박물관도 수장고에 수많은
유물을 보관 중이며 그중 대외에 공개하고 있는 것만 3,000점이
훨씬 넘는다. 낙랑출토품 중에는 광복 이후의 것들도 적지 않다.

평양 석암리 제9호분 유물 노출 모습
1916년, 사진 국립중앙박물관

  낙랑이 평양에 있었듯, 고조선도 평양에 있었을까. 고조선의 중
심지를 놓고 수도가 평양에 있었다는 설, 요하 유역에 있었다는
설, 처음에는 요하 유역에 있었다가 기원전 3세기 초 연燕나라의
침입을 받고 평양으로 중심지를 옮겼다는 설이 대립된다.

  고고학 쪽으로 눈을 돌려보자. 비파형 청동검을 살펴보면 고조
선의 영역을 대충 가늠할 수 있다. 비파형 동검은 고조선, 동호東胡,
산융山戎 등 다양한 동이계 부족의 산물로 길림 장춘에서 한반도 남
단, 서로는 북경까지 장대한 지역에서 출토된다. 국내 박물관에서
흔히 보는 단경식短莖式(자루 부분이 짧은 검)은 요하 동쪽 특히 요녕성

낙랑예관명 수막새
낙랑시대, 국립중앙박물관

낙랑시대 기와로 당시 낙랑군에 예관이라는
관직이 있었음을 알려준다. 도드라진 글자,
구름무늬 등 무늬의 형태나 제작 기법이 모두
중국 내륙의 것과 동일하다.

에서 주로 발굴된다. 고고학계는 이 단경식을 고조선 것으로 평가
한다. 요녕성 신금현 쌍방雙房과 요양의 이도하자二道河子에서 발견
된 동검은 기원전 12세기 무렵의 것이다. 이를 통해 고조선은 기원
전 1100년 만주를 중심으로 활동했고 요하가 그 중심지였다고 단
정하는 데 무리가 없다.

　단경식 청동검은 세형 동검으로 변해가며, 이는 후기 고조선의
대표 유물이자 고조선의 영역을 파악하는 중요한 지표이다. 기원
전 3세기 고조선은 절체절명의 위기에 처했다. 연나라 소왕(재위 기
원전 311~279)이 조선의 서방을 공격해 2,000리 땅을 빼앗았다고 중
국 사서는 서술한다. 그리고 이 시기 세형 동검 출토지의 북방한계
선은 서북한이다. 기원전 4세기까지는 고조선이 요동을 장악하고

있었지만, 이후 연나라의 공격을 받아 영토가 크게 축소되며 곧이어 기원전 194년 연나라 위만에게 나라를 강탈당하고 기원전 108년 한나라의 침공으로 역사에서 사라졌던 것이다. 평안도와 황해도에서 낙랑유물이 다량 발견된 이유도 자연스럽게 풀린다. 역사의 퍼즐을 맞추는 데는 문헌 이상으로 고고학이 중요하다.

한대 고분이 평안도와 황해도에 폭넓게 조성된 것으로 미뤄 대대적인 사민徙民(백성의 이주) 정책에 따라 2,000여 년 전 중국인들이 한반도 서부 지역으로 들어왔을 것으로 추측해 볼 수 있다. 이는 한나라가 자신의 백성을 집중적으로 옮겨 살게 할 만큼 역사적으로 고조선이 그들을 괴롭혀온 강대국이었다는 의미이기도 하다.

결과적으로는 낙랑으로 이주한 중국인들이 한민족을 중국화하기는커녕 한민족에 흡수돼 버렸다. 그들이 우리 땅에서 우리 조상들과 어울려 살면서 한민족의 일원이 된 것은 역사의 아이러니가 아닐 수 없다.

선덕여왕이 황제의 절을 지은 이유

모전석탑

신라 제27대 선덕여왕(재위 632~647)은 우리 역사상 최초의 여왕이다. 그는 내부 결속을 다지기 위해 분황사와 영묘사, 황룡사 9층 목탑, 첨성대 등 일련의 국가사업을 마무리했으며 대외적으로는 고구려와 백제에 비해 부족한 국력을 당나라를 끌어들여 극복하려고 노력했다. 외세에 의존한 외교정책을 추구했다는 비판과 함께 삼국통일의 초석을 닦았다는 평가를 동시에 받는다.

당나라의 2대 황제인 당 태종 이세민(재위 626~649)은 자신들에게 우호적이었던 선덕여왕을 심하게 모욕했다. 《삼국유사》에 의하면 당 태종은 붉은색, 자주색, 흰색의 세 가지 색으로 그린 모란과 그 씨 석 되를 보내왔다. 선덕여왕이 그림에 벌과 나비가 없는 것을 보면서 "이 꽃은 정녕 향기가 없을 것"이라고 하고는 씨를 뜰에 심도록 명했다. 꽃이 피니 과연 왕의 말대로 향기가 없었다. 당 태종은 향기가 없는 모란꽃에 여왕을 비유하면서 여자이자 짝(벌, 나비)이 없는 선덕여왕을 조롱한 것이다.

《삼국사기》 저자 김부식도 선덕여왕을 혹독하게 비판한다. 그는 "남자는 존귀하고 여자는 비천한 것이니 어찌 늙은 할멈이 규방

경주 분황사 모전석탑
국보 제30호, 634년(신라 선덕여왕 3)
사진 문화재청

현재는 3층 탑이지만 처음 지어질
때는 7층 또는 9층이었다.

에서 나와 국가의 정사를 처리할 수 있겠는가. 신라는 여인을 세워
왕위에 오르게 하였으니 진실로 어지러운 세상에서나 있을 법한
일이다. 나라가 망하지 않은 것이 다행이었다"고 논평했다. 여성으
로서 선덕여왕은 신하들의 반발과 남성 중심의 정치문화로 고전했
을 게 분명하다.

　선덕여왕은 재위 1~2년 연속으로 당나라에 사신을 보내 조공
하는 한편 재위 3년(634) 음력 1월에 연호를 '인평仁平'으로 바꿔 자
주국을 천명했으며 동시에 황룡사 북쪽에 조성 중이던 사찰을 완
성해 분황사芬皇寺라는 이름을 붙였다. 분황사는 '향기로운 황제의
절'이라는 뜻이다. 선덕여왕은 황제로서 권위를 과시하고, 지혜로

우면서도 어진 자신의 진면목을 만천하에 드러내 즉위 후 끊임없이 제기됐던 자격시비 논란을 잠재우고자 했던 것이다.

선덕여왕의 혼이 깃든 분황사는 소규모이지만 아름다우면서 이국적 분위기를 자아낸다. 불교 대중화의 선각자이자 대학자인 원효대사가 머무르면서 왕성한 집필활동을 했던 곳이기도 하다.

분황사 경내 한가운데 신라 석탑 중 가장 먼저 세워졌다는 모전석탑이 있다. 634년 분황사 창건 당시 건축된 것으로 추측되는 이 탑의 정식 이름은 분황사 모전석탑(국보 제30호)이다. 전탑博塔은 말 그대로 흙벽돌을 구워 쌓아 올린 탑이다. 반면 모전탑模博塔은 벽돌의 전탑을 모방해 돌을 벽돌 모양으로 깎아 쌓는다. 분황사 탑이 바로 모전탑이다.

전탑은 불교가 탄생한 인도에서 만들어지기 시작했으며, 지금도 유적이 인도 곳곳에 남아 있다. 불교의 전파와 함께 중국에도 전탑이 전래되었고 숭악사 12각 15층탑(523년 조성)을 비롯해 중국 여러 지역에 전한다. 우리나라에서는 신라시대부터 조성되기 시작해 통일신라 때 전성기를 맞았으며 이후 고려시대에도 건립됐다. 그러는 와중에 전탑을 모방한 모전탑이 등장하기 시작한다. 모전탑은 우리나라에서만 나타나는 특이한 탑의 양식이다.

분황사 모전탑은 우리나라 불교 탑의 발전 양상을 이해하는 데 매우 중요하다. 탑은 대체로 목탑, 석탑의 순으로 발전해가는데, 신라의 탑은 특이하게도 전탑과 모전석탑이라는 과도기적 과정을 거쳐 석탑으로 전개됐다. 《삼국유사》〈양지사석조良志師釋條〉는 신라 최고의 조각가이자 화가, 서예가인 승려 양지를 소개하면서 "영묘사(경주 서악동에 있던 사찰)의 장륙삼존상丈六三尊像과 천왕상, 전탑의 기와, 천왕사 탑 밑의 팔부신장八部神將(불교의 여덟 수호신)과 법림사(안동 운흥동에 있던 사찰)의 주불삼존과 좌우 금강신 등은 모두 그가 만든 것이다. 이 외에도 영묘사와 법림사의 현판을 썼다. 또 일찍 이 벽돌을 조각하여 작은 탑 하나(모전탑)를 만들었고, 삼천불을 만들어 그 탑을 절 안에 모시고 예를 드렸다"고 했다.

양지가 모전탑을 처음 세웠는데 그 이전에 전탑이 존재했고 이 탑의 기와를 양지가 쌓았다는 내용이다. 이와 같은 기록은 전탑이 모전탑을 앞서는 증거로 인용된다. 대표적 모전탑인 분황사 탑이 7세기 전반에, 대표적 전탑인 안동 법흥사지 7층 전탑(국보 제16호)이 1세기 가량 늦은 8세기에 조성된 것을 볼 때 전탑-모전탑의 순서는 대체적 경향일 뿐 절대적인 것은 아니다.

돌 다루는 기술이 앞섰던 백제는 전탑의 과정을 거치지 않은 채 목탑에서 바로 석탑으로 옮겨갔다. 목탑 형식으로 쌓은 돌탑인 익산 미륵사지 석탑(국보 제11호)이 그 증거로 언급된다. 신라도 통일 이후 석조 기술이 획기적으로 발전하면서 전탑의 인기도 자연스럽게 시들해졌다.

전탑과 모전탑을 통틀어 백미로 꼽히는 분황사 모전석탑은 높이가 9.3m이다. 지금은 3층만 남아 있지만 원래는 7층 또는 9층이

일제강점기 분황사 모전석탑 수리 전 모습
사진 국립중앙박물관

지붕은 나무와 풀로 덮여 있고 몸체 부분도
훼손이 심하다.

었을 것을 짐작된다. 탑의 동서남북으로 석문이 달려있는 공간은
감실(불상을 안치한 방)이다. 석문 양쪽에는 서 있는 모습의 인왕상이
조각되어 있다. 불교의 수호신인 인왕상은 악귀를 막아준다. 부드
러우면서도 힘차게 표현된 인왕상은 반라이며 옷 무늬가 각기 다
르다. 석탑의 모서리에는 수호의 기능과 함께 부처의 계율을 상징
하는 힘찬 사자상을 두었다. 동해를 바라보는 곳에는 암사자, 내륙
으로 향한 곳에는 숫사자가 있다. 모두가 신라인의 섬세하고 빼어

안동 법흥사지 7층 전탑
국보 제16호, 통일신라시대(8세기)
사진 문화재청

중앙선 철도와 양반가 고택에 둘러싸여
있는 법흥사지 전탑. 높이 17m로 전탑
중 제일 거대한 동시에 가장 오래됐다.

난 조각 기술을 마음껏 뽐낸 수작이다.

탑은 임진왜란 때 반쯤 파괴됐으며 이후 이 절의 승려가 탑을
수리하려다가 오히려 더욱 파손시켜 1915년 재차 손을 봤다. 이때
2층과 3층 사이 사리를 넣는 공간에서 사리장엄구와 구슬, 실패,
바늘, 침통, 가위 등 수많은 유물이 발견됐다.

전탑과 모전탑은 건립된 수가 많지 않을 뿐만 아니라 재료의 취
약성에서 오는 파괴와 훼손이 심해 현재 남아 있는 것이 20점도 채

되지 않는다. 안동 법흥사지 7층 전탑은 전탑 중 유일한 국보로, 높이가 17m에 달하는 거대한 탑이다. 법흥사는 통일신라시대 8세기 창건됐다. 지붕에 기와를 얹었던 흔적이 있어 목탑을 모방해 전탑이 조성됐다는 것을 입증해 주는 사료로 평가된다. 기단(탑의 가장 아래)의 각 면에는 팔부신장과 사천왕상(동서남북 사방에서 부처의 법을 지키는 수호신)을 새겼다. 일제강점기 중앙선 철도가 바로 옆에 생긴 이후로 탑은 열차 진동 때문에 지속적으로 기울어져 가고 있다. 1962년 국보 지정 때는 옆 동네의 명칭이 잘못 붙어 한동안 '신세동 7층 전탑'으로 불리기도 했다.

국보 모전석탑은 분황사 모전석탑과 영양 산해리 5층 모전석탑(국보 제187호) 두 점이다. 영양 산해리 5층 모전석탑 역시 시기는 통일신라시대로 추측된다. 전체적으로 균형을 잘 이루고 있으며 축조방식이 정연해 장중한 아름다움을 보여준다. 보물 전탑은 네 점, 보물 모전석탑은 한 점이 있다.

국보 지정의 문제점

국보의 지정 여부는 문화재위원회가 분과별로 심의를 통해 결정한다. 그러나 종종 문화재위원들의 전문성 부족으로 적격성 논란이 일기도 했다. 국보 중 자격 미달이거나 가짜로 판명 나 영구 결번된 것이 세 건이나 된다. 국가문화재 지정 과정에서의 부실 검증이 가장 큰 원인이다.

국보 제168호였던 백자 동화매국문 병은 제작 지역과 가치 논란이 끊이지 않다가 지정 46년 만인 2020년 6월, 국보 지위를 잃었다. 국가지정문화재에서 해제되면 해당 지정번호는 영구결번 처리된다.

백자 동화매국문 병은 조선 전기인 15세기 백자로 진사(붉은색 산화동 안료)를 사용한 드문 작품이면서 화려한 문양과 안정된 형태가 돋보인다는 평가를 받아 1974년 7월 국보로 지정됐다. 하지만 전문가들 사이에서 이 도자기가 중국 원나라 작품이라는 말이 꾸준히 돌았다. 문화재청은 중국과 한국 도자사 전문가로 구성된 조사단을 꾸려 연구를 진행했고 결국 문화재위원회 논의를 거쳐 해제가 타당하다고 결론 내렸다.

현행 문화재보호법 지정 기준에서는 외국 문화재라 해도 우리나라 문화사에 큰 영향을 끼친 작품은 국보나 보물로 지정할 수 있다. 그러나 백자 동화매국문 병은 출토지나 유래가 우리나라와 연관성이 불문명하다. 조선 전기 백자에 산화동을 안료로 사용한 사례가 확인되지 않는다. 또한 같은 종류의 도자기가 중국에 상당수 남아 있어 희소성이 떨어진다는 점도 지정 해제 사유가 됐다. 기형과 크기, 기법, 문양 등 유사한 형태가 중국에서 '유리홍釉裏紅'이라는 원나라 도자기 이름으로 다수 현존하고 있다. 결과적으로 도자기가 만들어진 시기와 장소가 15세기 조선이 아닌, 14세기 중국으로 판명 났다. 뿐만 아니라 작품의 수준도 우리나라 도자사에 영향을 끼쳤을 만큼 뛰어나지 않다.

앞서 1990년대에는 국보지정 사기극이 벌어지기도 했다. 1992년

한산도 앞바다에서 발굴된 귀함별황자총통龜艦別黃字銃筒은 거북선에서 사용된 대포로 추정돼 국보 제274호로 지정됐다. 하지만 1996년 모조품으로 확인되면서 국보 지정이 해제됐다.

1992년에 8월 해군은 경남 통영군 한산면 앞바다에서 귀함별황자총통을 인양했다고 발표한다. 그러면서 임진왜란 때 사용된 거북선의 실체를 알아내는 데 단서가 될 자료라고 설명했다. 문화재위원회는 총통을 인양한 지 사흘 만에 국보로 지정했다. 출토 지점이 명확하고 대포에 명나라 신종 때 연호인 '만력萬曆'이라는 글씨가 남아 있으며 형태가 16세기 유물과 흡사하다고 했다.

하지만 검찰이 해군 충무공 해전유물발굴단과 유착된 수산업자 비리를 수사하는 과정에서 이 사기극의 전모가 밝혀졌다. 수사 결과 유물발굴단장과 해군사관학교 박물관장, 골동품상, 수산업자 등이 공모해 현대의 총통을 바다에 빠뜨렸다가 건져낸 뒤 조선시대 유물이라고 허위로 발표했던 것으로 드러났다.

국보지정 당시 문화재위원회에 전통 무기 전문가가 단 한 명도 참여하지 않았다. 또한 인양 때 총통 표면 글씨의 보전상태가 좋은 게 의심스럽다는 지적도 있었지만 무시됐다. 더욱이 이 총통에 불에 약한 아연이 8%나 포함됐다는 국립문화재연구소의 조사 결과를 문화재청이 미리 알고 있었던 것으로 확인돼 문화재청은 은폐

의혹에 시달려야 했다.

국보 제278호였던 이형 좌명원종공신녹권 및 함은 2010년 보물로 강등됐다. 이형 공신녹권은 1993년 조선 태종 때 발급한 공신녹권(나라에 공이 있는 인물을 공신으로 임명하는 증서)으로는 첫 발견이라는 이유로 국보가 됐다. 태종은 1400년 2차 왕자의 난을 제압하고 왕위에 오르면서 이듬해 공을 세운 측근들에게 좌명공신을 내린다. 그로부터 10년이 지난 1411년 좌명공신에서 제외됐던 83명을 추가로 뽑아 1~4등급의 좌명원종공신을 수여한다. 좌명공신은 교서와 녹권을 발급했지만 좌명원종공신은 정공신이 아닌 명예공신이어서 녹권만 줬다.

그러다가 2006년 4월 마천목(1358~1431) 좌명공신녹권이 보물 제1469호에 지정된다. 마천목은 고려 말~조선 초의 무신으로 2차 왕자의 난에서 이방원 측의 선봉이 돼 회안대군 이방간(1364~1421)의 측근을 제거하면서 이듬해 좌명공신에 올랐다. 마천목 공신녹권은 시기적으로 이형 공신녹권보다 10년이 더 빠르다. 더욱이 정공신인 마천목 공신녹권이 보물인데 명예공신인 이형 공신녹권이 국보인 것은 타당하지 않다는 지적에 따라 이형 공신녹권은 국보에서 빠지게 되었다.

8부

국보 제작
비하인드

시주자의 얼굴을 새긴 못난이 불상

철불좌상

2013년 미국 뉴욕 메트로폴리탄박물관의 〈황금의 나라, 신라〉 특별전은 신라를 주제로 서구에서 열리는 첫 기획전이었다. 그런 만큼 금동미륵반가사유상(국보 제83호), 황남대총 북분 금관(국보 제191호), 경주 부부총 금귀걸이(국보 제90호), 경주 구황동 금제여래좌상(국보 제79호), 경주 계림로 보검(보물 제635호) 등 대한민국 '간판급 문화재'가 총출동했다. 이를 포함해 전시회에 출품된 작품은 국보 9점, 보물 12점 등 93건을 비롯해 총 132점에 달했다.

그런데 이 초특급 전시회에서 정작 현지인들의 시선을 집중시킨 것은 따로 있었다. 바로 국립중앙박물관이 소장하고 있는 출처 불명의 철조여래좌상이었다. 통일신라 조각양식을 잘 간직해 주로 '통일신라 철조여래좌상'이라 불리는 이 불상은, 쇠로 만들어진 아주 보기 드문 불상이자 국보도 보물도 아니어서 더더욱 관심을 끌었다.

미국 미술사학자 등 그곳 전문가들은 이 불상을 접한 소감으로 "금동불(국보 제83호)에서 느낄 수 없는 장엄미가 일품"이라고 감탄했다. 또한 "어둡고 거친 느낌의 철 재질과 고도의 조각 기법은 서양

통일신라 철조여래좌상
국립중앙박물관

출처 미상의 철조여래좌상. 우리나라 불교문화의 최전성기인 8세 중반 통일신라시대 제작된 것으로 추정되며 예술성과 기교면에서 철불 중 최고 수작으로 꼽힌다.

어디에서도 찾을 수 없는 것"이라며 극찬을 아끼지 않았다.

높이 1.5m의 통일신라 철조여래좌상은 우리나라에서 현존하는 가장 오래된 철불인 동시에 넉넉한 얼굴 표정, 천의 사실적인 주름 표현 등으로 철불 중 가장 아름답고 완벽한 주조기술을 자랑하는 '수작 중 수작'이다. 이미 오래전에 국보 반열에 올랐어야 마땅하지만 국립중앙박물관에서 안전하게 관리하고 있어 국가문화재로 지정되지 않은 것이다. 통일신라 철조여래좌상은 아무런 정보가 없어 출처를 알지 못하며, 다만 조각 수법이 뛰어나 제작 시대를 통일신라로 추정할 뿐이다.

역시 국립중앙박물관 소장의 보원사 철조불좌상도 국보 또는 보물로 지정돼 있지 않다. 출토된 유물에 근거하여 보원사(충남 서산)는 6세기께 창건된 것으로 보인다. 고려 초 국사이던 탄문(900~975)이 이 절에서 입적했다는 법인국사탑비의 명문이 있어 이시기 사찰 사세가 매우 컸음을 알 수 있다. 하지만 보원사는 임진왜란 전후로 폐사됐고 불상은 1918년 3월 옮겨졌다. 보원사 철조불좌상은 높이가 2.59m로, 석굴암 본존불만큼 거대한 불상이다. 몸통에 비해 머리가 큰 점 등 이상적 비례미를 탈피해 개성적이며 인간미가 넘친다. 특이하게도 얼굴을 찡그리는 형상을 하고 있어 '못난이 불상'으로 관람객들에게 인기가 높다.

불상 제작에 일대 혁명이 일어난 시기는 8세기를 전후한 통일신라시대였다. 종전의 구리를 대신해 철이라는 전혀 새로운 재료를 이용해 불상을 조성하기 시작한 것이다. 쇠로 불상을 주조하는 방식은 9세기 중반 이후 통일신라 말기에 크게 유행했으며 고려시대에도 지속적으로 제작됐다.

철은 구리보다 구하기는 쉽지만, 재료를 가공하기가 힘들어 이를 불상으로 만들려면 금속을 다루는 기술이 고도로 발달해야 한다. 당시엔 용광로가 없어 쇠를 여러 개의 도가니에 넣어 1,200℃ 이상 온도로 녹인 뒤 동시다발로 부어 주조했다. 중간에 멈췄다 다시 부으면 불상이 깨지기 십상이었다. 이런 제약으로 인해 철불은

보원사지 출토 철조불좌상
국립중앙박물관, 사진 매경DB

얼굴을 찡그리는 형상을 하고 있어 '못난이 불상'으로 주로 불린다. 2.59m의 거대불상으로 옆에 선 관람객들이 왜소해 보인다.

중국에서도 후대인 12세기 송나라 때 주로 유행하기 시작했고, 일본에서는 이보다도 훨씬 늦은 13세기 가마쿠라鎌倉 시대에 들어서야 비로소 등장한다.

전문가들은 중앙에 철불을 제조하는 조직적인 장인 집단이 존재했으며 부유한 지방 호족들이 이들을 초청해 불상을 만들게 했을 것으로 추정한다. 철불 얼굴을 살펴보면 전형적인 금동불 형태를 벗어나 인상이 모두 제각각이면서 개성적이다. 때문에 돈을 시주한 공양주 얼굴을 불상에 담았을 가능성도 제기된다.

철불은 가슴과 배에 돌출된 접합선이 선명하게 남아있는 것이 특징이다. 불상 주조 과정에서 철물이 바깥 틀 이음 부위 사이로 배어 나와 생긴 선이다. 철보다 더 단단한 끌이나 정 등의 도구가

철원 도피안사
철조비로자나불좌상
국보 제63호
865년(통일신라 경문왕 5)
도피안사

없어 주조 시 생긴 흔적이 그대로 남은 것이다. 정교한 기술을 요하는 손 부분은 공정이 어려워 나무로 조각해 붙이기도 했다. 주조물 위에 옻칠하고 금박을 입히면 불상이 완성된다.

통일신라 철조여래좌상은 여러 철불 가운데 제작 시기가 제일 앞선다. 뿐만 아니라 불교문화 전성기의 흔적을 잘 간직하고 있다. 생동감 넘치는 얼굴 표현, 유려하고 사실적인 옷 주름 조각 등 제작 수법이 석굴암 본존불과 비교해 전혀 손색이 없다.

통일신라 철조여래좌상 제작 시기를 석굴암 본존불과 비슷한 8

하남 하사창동 철조석가여래좌상
보물 제332호, 고려시대, 국립중앙박물관

세기 중엽으로 비정한다면 우리나라에서는 그 이전인 8세기 초부
터 철불이 조성됐을 것이다. 따라서 이 불상은 우리나라에서 철불
이 생산되기 시작한 시기를 알려주는 잣대이기도 하다. 이를 기준
으로 할 때 우리나라가 중국이나 일본보다 적어도 400~500년 앞
서서 철불을 광범위하게 생산한 셈이다. 당시 우리나라 철 주조 기
술이 동양 최고였음을 증명해준다.

통일신라 철조여래좌상 외 현존하는 대부분 철불은 9세기 이후
에 제조됐다. 국보로 지정된 철불은 청양 장곡사 철조약사여래좌
상(국보 제58호), 철원 도피안사 철조비로자나불좌상(국보 제63호), 장

흥 보림사 철조비로자나불좌상(국보 제117호) 등 총 세 점이다.

이들 중에서는 국보 제63호 도피안사 철조비로자나불좌상 작품성이 제일 뛰어나다. 능숙한 조형 수법과 알맞은 신체 비례 등에서 통일신라시대 불상 전통이 엿보이는 뛰어난 조각이다. 갸름한 얼굴은 인자하고 온화한 인상을 풍긴다. 불상 뒷면에 신라 경문왕 5년(865)에 만들었다는 글이 남아 있어서 정확한 조성 연대도 확인된다. 풍수설을 처음 도입한 도선대사(827~898)가 865년 도피안사를 창건하면서 함께 조성한 불상인 것으로 파악되고 있다. 수인(손 모양)으로는 왼손 검지를 펴서 오른손으로 감싸 쥔 비로자나불의 전형적인 수인을 취하고 있다. 오른손은 부처의 세계, 왼손은 중생계를 의미한다.

국보 제58호 장곡사 철조약사여래좌상은 얼굴이 둥글고 단아하며 신체가 건장하고 당당하다. 다만 양감이 풍부하지 않고 탄력적인 부피감도 줄어들어 9세기 후반에 조성된 불상임을 보여준다. 국보 제117호 보림사 철조비로자나불좌상은 오뚝한 콧날, 굳게 다문 입 등에서 위엄이 느껴지지만 역시 전체적으로 추상화된 모습이다. 왼팔 뒷면에 신라 헌안왕 2년(858) 진골 귀족인 김수종이 시주해 불상을 만들었다는 글이 적혀있다.

조각사의 르네상스를 꽃피우다

통일신라 3대 금동불상

한국 불교 조각은 삼국시대부터 활발히 조성돼 통일신라에 그 제조 기술이 절정을 맞는다. 최고 경지의 불상은 단연 국보 제24호 석굴암 본존불로 통일신라 중에서도, 최전성기인 8세기 중엽에 만들어졌다.

경주 불국사 금동비로자나불좌상(국보 제26호), 경주 불국사 금동아미타여래좌상(국보 제27호), 경주 백률사 금동약사여래입상(국보 제28호)이 그것이다. 이들 세 불상은 특별히 '통일신라 3대 불상'으로 언급될 만큼 탁월한 주조술을 자랑한다. 같은 시기인 통일신라 때 제작된 명품 금동불이 세 점이나 존재한다는 사실을 아는 이는 많지 않다.

그런데 미륵불, 석가모니불, 비로자나불, 아미타불, 여래, 약사불 등 불상 명칭은 왜 이렇게 제각각인 걸까. 여기에다 관음보살, 문수보살, 지장보살 등 보살상도 다양해 불교 신자마저 헷갈릴 지경이다.

누구나 성불하면 부처가 될 수 있다고 가르치는 불교에서는 경전과 문헌에 수많은 초월적 성격의 부처가 등장한다. 따라서 초기

**일제감정기
불국사 금동비로자나불좌상 모습**
국보 제26호, 9세기 전후
사진 국립중앙박물관

1910년대의 모습이다. 조성 시기는 9세기로
전후로 국내 불교 조각 중 매우 이른 편이며,
높이가 1.77m에 달하는 거대 불상이다.

교리에서만 가섭불을 포함한 과거칠불과 24불이 다뤄지며 대승불
교에 들어오면 과거, 현재, 미래의 헤아릴 수 없이 많은 부처가 언
급된다. 화엄경은 온 법계에 부처가 가득하다고까지 말한다.

그중 일반인에게도 비교적 잘 알려진 몇 가지를 나열하면 다음
과 같다. 석가모니불은 불교 창시자인 석가모니를 신격화한 것으
로 석가세존, 석존, 여래(진리의 실현자)로도 불린다. 석가모니는 '샤
카족(인도 종족)의 성인'이라는 의미다. 인도 초기 불상은 대부분 석
가불이며 우리나라에서도 시대를 막론하고 가장 많이 조성됐다.

여러 부처는 대체로 같은 모습이지만 손 모양, 즉 수인을 다르게 해 구분한다. 석가모니불은 주로 항마촉지인을 취한다. 오른손은 손바닥을 아래로 무릎 위에 올려놓고 두 번째 손가락으로 땅을 가리키는데 모든 악마를 굴복시켜 없애버린다는 취지다. 왼손은 손바닥을 위쪽으로 하여 배꼽 앞에 놓는다.

비로자나불은 지혜의 부처, 진리의 부처를 부르는 칭호다. 태양이라는 뜻의 범어 '바이로차나'를 음역했다. 비로자나불은 이상적 세계인 연화장에 살면서 태양처럼 대광명을 발해 진리의 세계를 두루 통솔한다. 수인은 대부분 지권인을 취하고 있어 구분이 쉽다. 왼손 검지를 펴서 오른손으로 감싸 쥔 수인이다. 오른손은 부처의 세계, 왼손은 중생계를 나타낸다.

아미타불은 '무한한 수명의 것'이라는 범어 '아미타우스'에서 그 이름이 유래했다. 중생들에게 염불을 통한 극락왕생의 길을 제시하는 부처다. 수인은 제일 복잡해 아미타구품인이라는 아홉 종류가 있다. 대표적으로 오른손은 엄지와 중지를 붙여 손바닥을 앞으로 향하고, 왼손은 엄지와 중지를 붙여 손바닥이 위를 향하는 형태(하품중생)를 들 수 있다. 아미타불이 봉안된 불전은 무량수전, 극락전, 아미타전이라고 한다.

약사불은 중생들의 병이나 고통, 재난, 무지를 고쳐준다. 죽은 뒤가 아닌 현세에 직접 도움을 주는 부처다. 현세 중심의 기복신앙이 반영됐으며 민중을 교화하기 위한 수단으로 성립됐다. 한 손에

불국사 금동아미타여래좌상
국보 제27호, 9세기 전후, 사진 문화재청

약병 또는 보주(보배 구슬)를 들고 있다.

미륵불은 56억 7,000만 년 뒤 불법이 쇠퇴할 때 이 세상에 내려와 중생을 구제하는 부처다. 미륵은 석가모니 제자 중 한 명으로 사후에 그가 주장한 공空사상이 대승불교에서 주목받으면서 부처로 신격화됐다. 정형화된 손 모양은 없다. 삼국시대에 유행했던 반가사유상이 미륵보살로 간주되며 일반적인 여래의 모습에, 의자에 앉은 자세로 흔히 표현된다.

보살은 구도자이자 이상적인 인간상을 일컫는다. 부처처럼 깨달았지만, 중생 구제에 전념하기 위해 부처가 되기를 거부한 존재다. 보살상은 부처 옆에서 보좌하는 협시불로서 불상 옆에 놓이기도 하지만 단독으로 예배되기도 했다. 우리나라에서는 사실 부처보다 보살을 더 신봉했다.

관음보살은 관세음보살의 줄임말로, 현실의 고통에서 중생의 소리를 듣고 이를 모두 구제해주는 보살이다. 자비의 화신이며 '보살 중의 보살'로 알려져 있다. 지장보살은 죽은 후 지옥에서 중생을 구원해 극락정토로 인도해주는 구세주 역할을 한다. 중생의 사후 고통을 해결해주는 보살인 것이다. 민머리의 스님 모습이거나, 머리에 두건을 쓴 채 손에 보배 구슬 또는 지팡이를 쥔 모습으로 표현된다. 현실의 고통을 벗어나게 하는 관음보살과 함께 민중 사이에서 가장 널리 믿어진 보살이기도 하다. 문수보살과 보현보살은 모두 지혜의 보살로, 문수는 지혜의 완성을 상징하고 보현은 지혜의 실천을 표현한다.

경주 불국사에는 다양한 불상이 존재했고 경내 중심인 대웅전을 비롯해 비로전, 관음전, 무설전, 극락전, 법화전 등 이를 모시는 법당이 많았다. 대웅전의 석가모니불과 그 옆 협시불은 1769년(영조 45) 대웅전을 중창하면서 제작된 것이다.

비로전에 모셔진 국보 제26호 불국사 금동비로자나불좌상은 높이가 1.77m인 거대 불상이다. 광명의 부처인 비로자나불을 형상화했다. 대좌나 광배는 사라지고 없지만, 전신에 위엄과 자비가 넘친다. 얼굴은 반쯤 뜬 눈, 복스러운 뺨, 군살 진 아래턱 등 자비로

백률사 금동약사여래입상
국보 제28호, 통일신라시대(9세기)
국립경주박물관

운 인상이며 남성적인 체구를 연상시키는 당당하게 벌어진 어깨,
양감 있는 가슴, 튀어나온 아랫배, 결가부좌한 넓게 퍼진 무릎 등
은 장중한 이미지를 풍긴다. 손 모양은 오른손 검지를 왼손으로 감
싸고 있어 비로자나불이 취하는 일반적인 손 모양과는 반대다. 조
형 양식으로 미뤄 제작 시기는 9세기 전후로 짐작된다.

국보 제27호 불국사 금동아미타여래좌상은 불국사 극락전에 모셔진 불상으로 높이는 1.66m다. 국보 제26호와 마찬가지로 전체적으로 근엄하고 장대하다. 옷의 주름이 거침없고 옷깃 안쪽에서 밖으로 늘어지는 옷 접힘이 생동감 넘친다. 왼손은 어깨높이로 들어 손바닥을 보이며 오른손은 무릎에 올려놓았다. 역시 9세기 전후에 조성됐다.

국보 제28호 백률사 금동약사여래입상은 1930년 경주 북쪽 소금강산 백률사에서 국립경주박물관으로 옮겨왔다. 높이 1.77m의 서 있는 모습으로 표현된 이 불상은 모든 중생의 질병을 고쳐준다는 약사불을 형상화했다. 신체의 적절한 비례와 뛰어난 조형 기법이 특징이다. 두 손은 없어졌으나 손목 위치와 방향으로 보아 오른손은 위로 들어 손바닥을 보이고, 왼손에는 약그릇이나 구슬을 들고 있었던 것으로 보인다. 전면에 주홍과 녹색을 칠했던 흔적이 남아 있다. 이 불상의 조형 양식 역시 9세기 전후로 보인다.

저잣거리 전전했던 조선 최고의 풍속화가

혜원 풍속도 화첩

"떠돌면서 살았으며 마치 이방인 같았고, 여항인(중인 문인·예술가)들과 가까웠다."

성호 이익(1681~1764)의 손자인 이구환(1731~1784)이 엮은 〈청구화사青丘畵史〉는 20대의 혜원 신윤복(1758~?)을 이렇게 소개한다.

신윤복은 조선 후기 대표적 풍속화가다. 간송미술관 소장의 혜원 풍속도 화첩(국보 제135호)과 미인도(보물 제1973호) 등 그의 작품은 일반인에게도 익숙하다. 하지만 의아하게도 그의 명성에 비해 남은 기록은 매우 적다. 고대부터 근대에 이르는 한국 서화가 1,117명의 인명을 수록하고 있는 위창 오세창(1864~1953)의 《근역서화징槿域書畵徵》(1917)은 "자 입부笠父, 호 혜원蕙園, 본관 고령高靈. 첨사 신한평(1726~?)의 아들, 화원. 벼슬은 첨사다. 풍속화를 잘 그렸다"고 짧게 서술했다. 19세기 신윤복에 관한 정보가 거의 없었음을 의미한다.

조선 말 중인 계보를 정리한 《성원록姓源錄》 고령 신씨 조에서 그의 가계를 확인할 수 있다. 신윤복은 신숙주(1417~1475)의 동생이자 대사간을 지낸 신말주(1429~1503)의 11대손이다. 신말주의 고손자

즉, 신윤복의 7대조가 관상감 잡직관에 오르며 중인이 됐다. 신윤복의 8대조는 서자였을 것으로 짐작된다.

아버지 신한평은 도화서 화사였으며, 어진 제작에 세 번이나 참여할 만큼 실력을 인정받았다. 첨사는 종3품 무관직인 첨절제사(각 도 병마절도사·수군절도사 바로 아래 직책)를 말한다. 왕실 화가로서 부자가 내를 이어 높은 벼슬을 지냈는데도 신윤복은 왜 이름을 남기지 못했을까.

서유구(1764~1845)가 쓴 《임원경제지林園經濟志》에 단서가 있다. "(신윤복이) 협사狹斜(색주가)의 이속지사俚俗之事(풍속화)를 즐겨 그렸다"는 것이다. 1939년 평론가 문일평(1888~1939)의 《호암전집湖岩全集》은 구전을 인용해 "신윤복이 너무 비속한 것을 그리다가 도화서에서 쫓겨났다"고 전한다. 젊은 시절 격이 떨어지는 그림을 그리다가 도화서에서 축출된 것이다. 고상한 부류에게 배척되다 보니 그 이후 삶도 잊혔던 것으로 추측해볼 수 있다.

신윤복은 저잣거리를 전전하던 무명작가에 불과했다. 신윤복의 호 '혜원'은 '혜초정원蕙草庭園'을 줄인 말이다. 혜초는 콩과 식물로, 여름에 작은 꽃이 피는 평범한 풀이다. 스스로 이곳저곳 떠돌아다니는 처량한 신세를 빗댄 것이다.

비슷한 시기 도화서에서 함께 활동했을 것으로 추정되는 김홍도(1745~1806)는 그와 정반대의 삶을 살았다. 10대 후반에 도화서에 들어간 김홍도는 영조와 정조의 어진을 그렸고, 중인 신분으로

혜원 풍속도 화첩 중 월야정인
국보 제135호, 조선시대(18세기 말~19세기 초), 간송미술관

통행이 금지된 시각에 남녀가 은밀히 만나고 있다. 엄격한 도덕적 제약 하에서 용솟음치는 인간의 욕망을 잘 표현했다.

혜원 풍속도 화첩 중 단오풍정
국보 제135호, 조선시대(18세기 말~19세기 초), 간송미술관

단옷날 반라로 몸을 씻는 여인
들과 이를 훔쳐보는 동자승을
묘사했다.

종6품 연풍현감 벼슬을 받았다. 그는 파격적인 신윤복과 달리 보수주의적 성품에 보수주의적 화풍을 견지했다. 강세황(1713~1791)이 쓴 《단원기檀園記》에서는 "(김홍도는) 얼굴이 청수하고 정신이 깨끗하며 고상하고 세속을 초월한다. 아무 데서나 볼 수 있는 평범한 사람이 아니다"라고 기술한다. 《단원기》는 김홍도가 음악을 즐겼고, 즉석에서 한시를 남길 정도로 문학적 소양도 갖고 있었다고도 설명한다. 실제로 김홍도는 산수화, 신선도 등 문인화 작품을 다수 남겼으며, 풍경화도 농업이 유교 국가의 근간이었던 만큼 농촌의 일상을 담은 그림을 주로 그렸다.

반면 신윤복은 양반층 풍류나 남녀 간 연애, 향락적인 생활을 주로 그렸다. 조선시대 가장 천한 신분에 속했던 기녀를 주인공으로 삼아 기방이나 여속에 대한 관심을 고도의 회화성으로 끌어올렸다. 신윤복의 이러한 파격은 시대 변화의 산물이다. 풍속화는 영조(재위 1724~1776)부터 순조(재위 1800~1834) 초반까지 크게 유행한다. 이 시기 한양은 상업이 발달하고 도시가 성장하면서 유흥과 소비의 문화가 광범위하게 확산됐다. 경화사족京華士族(한양의 문사 권력층)과 신흥계층으로 부상한 시전상인, 역관, 의관, 여항인 등 중인들이 이러한 변화를 이끌었다. 특히 역관은 중국 무역을 주관하고 의관은 지방의 약재가 거래되는 약방을 장악하면서 막대한 부를 축적하게 된다.

부유한 양반과 중인들은 기방을 중심으로 한 향락 문화를 발전시킨다. 동시에 그들은 미술품으로도 눈을 돌렸다. 종전의 관념적 화풍 대신 자유분방하고 개성 넘치는 풍속화에 빠져들었다. 산수화에서 진경산수화가 크게 유행했던 것도 같은 맥락이다. 신윤복은 여기서 더욱 앞서 나가 동시대 풍속화에서 배경에 불과했던 기녀와 여성을 전면에 등장시켰다.

신윤복이 유명세를 얻은 것은 그로부터 100년이 지난 일제강점기에 와서다. 한국에서 미술을 연구했던 세키노 다다시가 그를 높게 평가해 "시정촌락 풍속을 정묘하고 농염하게 그렸다"고 했다. 이어 1930년대 간행된 〈조선명화전람회목록〉에서는 신윤복을 "하층민의 생활풍속을 그린 '조선 풍속화계의 백미'"라고 소개했다.

현전하는 신윤복의 풍속화는 50점이 조금 넘는 수준이다. 간송미술관의 풍속도 화첩 30점(국보 제135호), 미인도 1점(보물 제1973호), 국립중앙박물관의 여속도첩 6점, 신위화첩 중 일부, 행려풍속도병풍 4점, 사시장춘 1점 등이다. 기타 산수화 7점, 영모화 3점, 진위 논란이 있는 춘화 일부 등이 있다.

풍속도 화첩은 단오풍정, 월하정인, 주유청강, 청금상련, 상춘야흥 등 신윤복의 명작이 총집결된 화첩이다. 일본으로 유출돼 고미술 무역상인 야마나카 상회 오사카지점이 소유하고 있던 것을 1934년 간송 전형필이 2만 5,000원에 구입해 들여왔다.

풍속도 화첩의 또 다른 명칭인 '혜원전신첩'은 오세창이 새로 틀을 짜고 발문을 쓰면서 붙인 이름이다. '전신傳神'은 단순한 외형이

혜원 풍속도 화첩 중 쌍검대무
국보 제135호, 조선시대(18세기 말~19세기 초), 간송미술관

귀족이 기녀와 악공을 불러 놀고
있다. 옷자락 등 기녀의 역동적인
움직임이 생생하게 표현됐다.

사시장춘
19세기, 국립중앙박물관

매우 애로틱한 풍속화이다.
남녀가 방안에서 무엇을 하고
있는지 시중드는 어린 소녀
가 문 입구에서 어쩔 줄 몰라
하고 있다.

아니라 사물이나 사람의 본질과 정신을 표현하거나, 실제 보는 것처럼 생생하게 그려냈다는 뜻이다. 단오풍정 등 개별 그림의 명칭도 후대에 만들어졌다.

풍속도 화첩의 각 면은 가로 28㎝, 세로 35㎝다. 주로 한량과 기녀를 중심으로 한 남녀 간 애정과 낭만, 양반 계급의 풍류를 다루고 있다. 가늘고 섬세한, 부드러운 필선과 아름다운 색채가 세련되고 낭만적인 분위기를 효과적으로 나타낸다. 갸름한 얼굴에 눈꼬리가 올라간 인물들은 선정적인 느낌을 준다. 주위 배경은 사실적으로 표현되어 인물의 분위기를 더욱 살린다. 뿐만 아니라 18세기 말 당시 사회상의 일면을 보여줘 생활사와 복식사 연구에 귀중한 작품으로 평가받는다.

미인도(보물 제1973호) 역시 우리 회화사에서 독보적 걸작이다. 가체를 사용한 탐스러운 얹은머리에, 가슴이 드러날 만큼 길이가 짧고 소매통은 팔뚝에 붙을 만큼 좁은 저고리와, 무지개 치마를 속에 받쳐 큰 치마가 풍만하게 부풀어 오른 차림새는 여체의 관능미를 유감없이 드러낸다.

그러나 신윤복 이후 사실적인 풍속화는 명맥이 끊긴다. 문화계에서 퇴폐를 일소하기 위한 개혁운동이 전개되고 문인화풍이 확산되면서 풍속을 어지럽힌다는 비판 속에 풍속화는 역사의 뒤안길로 사라진 것이다. 조선의 르네상스는 꽃을 채 피우기도 전에 찰나적으로 져버렸다.

생계 위해 그림 선택한 양반 화가

인왕제색도·금강전도

국보 제216호 인왕제색도는 비 온 뒤 안개가 피어오르는 인왕산의 실제 모습을 사실적으로 화폭에 실은 우리나라 회화계의 불후의 걸작이다. 국보 제217호 금강전도는 마치 항공 촬영을 하듯 하늘 위에서 금강산 1만 2,000 봉우리를 장대하게 담아낸 우리나라 산수화의 정수로 평가받는다.

두 작품의 작가는 안견과 함께 '조선 회화 2대가'로 꼽히는 겸재 정선(1676~1759)이다. 두 작품은 모두 서예가이자 미술품 수장가였던 소전 손재형이 김홍도 군선도 병풍(국보 제139호), 김정희 세한도(국보 제180호) 등 다른 국보 미술품과 함께 수집해서 갖고 있었다. 그러나 1958년 정치에 투신하면서 선거자금을 마련하기 위해 그림을 저당 잡혔다가 그림의 주인이 바뀌었다. 인왕제색도, 금강전도, 군선도 병풍은 이병철 삼성그룹 창업주에게 소유권이 넘어갔고, 세한도는 수집가 손세기 등을 거쳐 국립중앙박물관에 기증됐다.

조선시대 산수화의 대가 중에서 초기를 대표하는 화가가 안견이라면, 후기를 대표하는 화가는 단연 정선이다. 두 화가의 화풍은 매우 다르다. 안견이 북종화北宗畵(기술적 연습과 수련을 중시)를 수용

인왕제색도
국보 제216호, 1751년(조선 영조 27), 리움 미술관

한국 회화계의 불후의 대걸작으로 꼽히는
인왕제색도. 겸재가 인왕산에 은거하던
1751년 그의 나이 76세에 탄생했다.

해 높은 경지의 이상적 산수화를 구현했다면, 정선은 남종화南宗畵
(작가의 교양과 정신을 강조)를 받아들여 독보적인 진경산수화眞景山水畵
를 창조했다. 중국 화본을 바탕으로 했지만, 관념산수의 답습이 아
니라 조선의 실제 산천을 있는 그대로 묘사한 새로운 화풍을 개척
한 것이다.

"공(정선)은 집안이 가난하여 끼니를 거르기 일쑤였지만 사람들
에게 옳지 않은 일을 절대 하지 않았다. 경학에 깊어 중용, 대학을

논함에 처음부터 끝까지 관통함이 마치 외어서 말하듯 하였다. (…) 공의 이름을 모르는 사람이 없어 작은 쪽지의 그림이라도 얻으면 진귀한 보물을 얻은 듯이 귀하게 여겼다."(조영석,《관아재고觀我齋稿》) 정선과 깊게 교유했던 사대부 화가 조영석(1686~1761)의 평이다. 궁핍한 환경 속에서도 굴하지 않았던 정선의 성실한 생활 태도, 진지한 인품, 학문적 열정, 걸출한 화가로서의 높은 명성 등을 엿볼 수 있다.

겸재 정선은 조선 후기 화단에서 최고의 화가로 대접받았다. 김홍도와 신윤복 등 중인 신분의 여느 화원들과 달리 양반 출신이었으며, 성리학 등 학문에도 조예가 깊었고, 첨지중추부사(정3품 당상관)를 거쳐 말년에 이르러서는 종2품의 동지중추부사에 올랐다. 건강한 삶을 살아 84세라는 당시로는 기록적인 수명도 누렸다.

그는 서울 북악산 남서쪽 자락의 순화방 유란동(경복고 부근)에서 출생했다. 사대부였지만 집안은 가난하고 변변치 못했다. 5대조 정응규가 정3품 전라좌도수군절도사, 고조부 정연이 종2품 동지중추부사의 벼슬을 한 후에는 문반 6품 이상, 무반 4품 이상의 현관顯官을 배출하지 못했다.

가난한 데다 14세 때 아버지까지 여의게 되자 정선은 생계를 위해 화가의 길을 택했다. 그의 집은 당시 노론의 영수였던 김수항(1629~1689)과 그의 아들 여섯('6창'으로 불렸던 창집, 창협, 창흡, 창업, 창즙, 창립) 등 신흥 안동 김씨 가문 근처에 있었다. 정선의 그림이 김

萬二千峰皆骨山何人用
意寫真顏衆香浮
勃�012倉外
積氣猶謹
世界
間
笑發可素
之半林松
相隨玄圓級今剛
鴉須今遊乎似枕遺者不惺

甲寅
冬木

금강전도

국보 제217호, 1734년(조선 영조 10), 리움 미술관

인왕제색도와 함께 정선의 대표작으로
꼽히는 진경산수의 백미 금강전도. 포항
청하현감에 재직하던 1734년, 59세 때
그렸다.

씨 가문의 감식안에 들면서 인생의 새로운 전기가 마련된다. 그는 안동 김씨 가문과 인연을 쌓았고 이들의 적극적인 후원으로 화단에서 두각을 드러냈다. 안동 김씨 세도정치의 기틀을 마련한 김조순(1765~1832)의 문집은 "정선이 선대부터 오랫동안 이웃에 살았는데 어릴 때부터 그림을 잘 그렸다. 나의 고조부 김창집에게 '작은 벼슬이라도 구해 달라'고 요청하므로 도화서에 들어가도록 권하였다"고 언급한다.

그가 인생에서 전성기를 맞는 것은 30대 중반을 넘어서면서부터다. 두 차례에 걸친 금강산행은 그에 대한 화단으로부터의 명성을 바꾸는 계기가 된다. 금강산으로의 첫 번째 여행은 그의 나이 36세이던 1711년에 떠났다. 후원자이자 스승인 안동 김씨 문중의 김창흡(1653~1722)이 제자들과 함께한 금강산행에 동행한 것으로, 이 여행 이후 그는 신묘년 풍악도첩(보물 제1875호) 13폭을 그렸다. 그다음 해에 그는 동생, 후배 등과 함께 편안한 기분으로 다시 한 번 금강산을 찾았고 이를 해악전신첩 30폭에 담았다.

그래서인지 해악전신첩은 더욱 많은 사람의 찬사를 받았으며 정선이 진경산수 화가로 입지를 굳히는 데 결정적 역할을 한다. 특히 김창흡의 동생 김창업(1658~1722)이 청나라 연경으로 그림을 가져가 중국 화가들에게 품평을 받았는데 "공재(윤두서)를 능가한다"는 찬사도 받았다. 아쉽게도 해악전신첩은 현전하지 않는다.

국보 제217호 금강전도는 포항 청하현감으로 재임하던 1734년

(영조 10)에 탄생했다. 정선의 유별난 금강산 사랑은 여기에 그치지 않는다. 그는 1747년인 72세에 또다시 금강산을 그렸다. 정묘년 해악전신첩(보물 제1949호)이 그것이다.

정선은 영조(재위 1724~1776)의 각별한 총애를 받았다. 영조는 세제 시절 정선에게 그림을 배웠고 왕이 돼서도 항상 '겸재'로 높여 부르면서 귀하게 대했다. 영조는 정선이 화업畵業을 이루도록 산수가 빼어난 지역의 지방관으로 나갈 수 있게 극진히 배려했다.

정선은 65세부터 70세까지 경기도 양천에서 고을의 수령으로 지내면서 경교명승첩(보물 제1950호)을 제작했다. 서울 근교와 한강변의 명승지를 25폭의 그림으로 형상화한 작품이다. 직접 발로 걷고 배를 타고 가면서 그린 이 그림은 300년 전 한강과 서울 교외의 자취를 생생하게 전해준다. 정선은 가장 친한 벗인 이병연(1671~1751)이 시를 덧붙인 이 화첩을 무척 아꼈다. 그는 그림에 천금물전千金勿傳(천금을 준다고 해도 남에게 전하지 말라)이라는 인장까지 남겼다.

정선은 1727년 북악산 남서쪽 집을 아들에게 물려준 뒤 인왕산 동쪽 기슭인 인왕곡으로 이사해 생을 마칠 때까지 이곳에서 유유자적하며 은일의 삶을 즐겼다. 그는 마지막 순간까지 붓을 놓지 않았다. 76세 되던 해인 1751년 인왕산의 웅장한 자태를 최고의 필치로 묘사한 인왕제색도를 비롯해 백악산, 백운동, 필운대, 세검정 등 진경산수화의 명작들을 쏟아냈다.

독서여가도
18세기, 간송미술관

툇마루에서 망중한을 즐기는 선비를 묘사하고 있는데 그림 속 선비가 겸재 자신이다.

시화환상간
1754년(조선 영조 30), 간송미술관

소나무 밑에서 절친 이병연과 마주 앉아
시와 그림을 감상하는 정선 자신(왼쪽)을
묘사하고 있다.

실학적 기풍이 빛을 발하던 시절에 지식인들은 정선의 혁신적인 그림에 열광했다. 정선은 18세기 후반 이후에 행세하는 거의 모든 집안에서 그의 그림을 소장할 만큼 화가로서 위상이 높아졌다. 그의 그림은 한양의 좋은 집 한 채 값이었다고 한다. 조선 화가로서는 보기 드물게 '성공한 화가'였던 것이다. 정선은 산수를 포함해 인물, 화조, 초충 등 다양한 분야에서 총 400여 점의 작품을 남겼다.

정선은 '겸재파'를 형성하면서 조선 후기 화단에도 지대한 영향을 끼친다. 제자였던 심사정과 강희언, 최북, 김홍도, 이인문, 김석신, 이재관 등이 겸재파로 분류되며, 18세기 대표적 문인화가였던 강세황, 이윤영, 정수영 등도 그의 화풍을 계승했다.

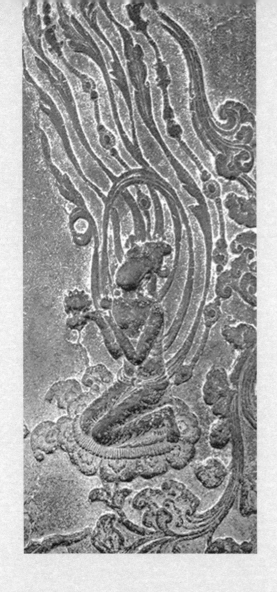

덤불 속에 버려졌던 신라의 종

성덕대왕신종

"절집이 무너져서 자갈밭이 되고, 종은 덤불 속에 버려졌네. 주나라 문왕의 돌북과 다르지 않으니, 아이들이 두드리고 소는 뿔을 가는구나…"

생육신의 한 사람인 매월당 김시습(1435~1493)은 고철 덩어리로 방치되는 성덕대왕신종聖德大王神鍾을 보며 이렇게 한탄했다. 국내 범종 중 가장 크면서 세계에서 가장 아름다운 소리를 낸다는 성덕대왕신종(국보 제29호)은 통일신라 불교 미술의 최전성기인 8세기 중엽에 국력이 총동원돼 완성한 최고의 걸작이다. 성덕대왕신종은 '성덕대왕의 신성한 종'이라는 뜻이다. 이런 신종이 무슨 이유로 들판에 버려졌던 것일까.

신종의 주인공인 신라 제33대 성덕왕(재위 702~737)은 8세기 초반 35년간 재위하면서 통치체제를 정비하고 국가 경제를 안정화해 통일신라 전성기의 문을 연 왕이다. 고려의 문종, 조선의 세종대왕과 곧잘 비교된다.

몸체에 양각된 '성덕대왕신종지명' 등 기록을 종합하면, 성덕왕의 아들인 제35대 경덕왕(재위 742~765)은 위대한 아버지를 추모할

성덕대왕신종
국보 제29호
771년(통일신라 혜공왕 7)
사진 문화재청

성덕대왕신종은 현재 국립경주박물관에
걸려 있다. 국내 범종 중 가장 큰 성덕대
왕신종은 소리가 아름답고 조각이 화려한
불교 문화 최전성기 대표작이다.

목적으로 봉덕사奉德寺를 원찰로 삼고 여기에 걸기 위한 큰 종을 만
들고자 했다. 하지만 그의 대에 사업을 이뤄내지 못했고, 종은 경
덕왕의 아들인 제36대 혜공왕(재위 765~780) 대의 771년(혜공왕 7)에
서야 완성된다.

봉덕사는 경주시내 북천 하류의 남천리에 있던 사찰로, 성덕왕
의 아들이자 경덕왕 형인 제34대 효성왕(재위 737~742)이 738년 아

버지를 위해 세웠다. 따라서 신종은 후대 '봉덕사종'으로도 불렸다.

봉덕사는 홍수로 북천이 범람하면서 수해로 폐사됐다. 실록에 근거해 봉덕사가 사라진 것은 세종 대로 추측된다. 세종 6년(1424) 실록에 의하면, 왕은 "경주 봉덕사의 큰 종을 헐지 말라"고 명한다. 이때만 해도 봉덕사는 존재했고, 큰 종, 즉 성덕대왕신종도 종루에 잘 달려 있었다. 그러나 단종 2년(1454) 간행된 《세종지리지》는 "(봉덕사) 지금은 없어졌다. 큰 종이 있는데 771년 신라 혜공왕이 만든 것"이라고 쓰고 있다. 30년 사이에 봉덕사가 사라진 것이다. 세종 19년(1437) 실록에 "경상도 경주 등 스무 곳의 고을에 큰물이 졌다"고 기술돼 있다. 이때 봉덕사가 수해를 입었던 것은 아니었을까.

아무튼 김시습을 비롯해 경주를 찾은 여러 사람이 중앙에 신종의 참담한 실상을 고했던지 종은 수습돼 다른 곳으로 이전한다. 1669년에 발간된 《동경잡기東京雜記》는 "세조 5년(1460) 영묘사靈廟寺 (경주시 사정동의 옛 사찰)로 종을 옮겨 달았다"고 했다.

신종의 고단한 여정은 여기서 끝나지 않았다. 《동경잡기》에 의하면, 1506년(중종 원년) 영묘사마저 화재로 소실되자 경주부윤 예춘년이 노동동 봉황대 고분 옆에 종각을 지어 종을 가져왔다. 경주 읍성의 성문을 여닫을 때마다 종을 쳤는데, 철종 때 대사헌을 지낸 홍직필(1776~1852)은 "종소리가 도성 거리에 진동하여 성안에 가득하니 (…) 아직까지 천년 고국의 소리 울리는구나"라며 감상에 젖었다.

경주 봉황대 고분 옆 옛 성덕대왕 종각
사진 문화재청

〈국립박물관 유물대장〉에 따르면, 1915년 8월 경주고적보존회
가 동부동 경주부 관아에 옛 경주박물관 전시관을 열면서 신종은
또다시 이동하고, 최종적으로 1975년 5월 국립경주박물관으로 옮
겨져 지금에 이르고 있다.

이 종은 '에밀레종'이라는 별칭으로 더욱 유명하다. 여기에는 모
두가 잘 아는 '유아 인신공양 전설'이 깃들어 있다. 전설의 대략적
인 내용은 다음과 같다. 나라의 명을 받은 봉덕사 승려들은 종을

만들 비용을 조달하려고 전국을 찾아다녔다. 어느 가난한 집의 여인이 자신을 방문한 승려에게 젖먹이를 내보이며 농담 삼아 "저희 집은 이 아이뿐"이라고 했다. 승려는 "아이를 어찌 받겠소"라며 포기하고 돌아왔다. 봉덕사에서 시주받은 재물로 종을 만들었지만, 소리는 나지 않았다. 그날 승려의 꿈에 부처가 나타나 "모든 시주가 같거늘, 어찌 여인의 뜻을 거절했느냐"고 꾸짖는다. 승려는 그 길로 여인의 집을 찾아가 아이를 안고 나왔다. 여인은 울부짖으면서 경솔했던 자신을 원망했다. 아이를 쇳물에 넣고 종을 만들자 그제야 소리가 울리기 시작한다. "에밀레-, 에밀레-"하는 종소리는 마치 희생된 어린아이가 엄마를 애절하게 부르는 것처럼 들렸다. 이 소리를 따서 이름 붙여졌다는 게 에밀레종의 유래다.

오늘날 학자들은 인신공양설을 부정한다. 불교에서 범종 소리는 부처님 말씀이자 자비심의 상징이다. 범종을 제작해 치는 목적도 고통받는 중생을 이끌어 구원에 이르게 하는 데 있다. 에밀레 전설은 이러한 범종 조성 취지와 전혀 맞지 않는다. 에밀레종 전설은 근대 이후 서양 선교사들의 기록에서야 등장하며 일제강점기 자료에서 본격적으로 언급되기 시작한다. 조선 후기 유림의 세력이 강했던 경주에서 불교를 폄훼하고자 의도적으로 가공됐다는 주장도 제기된다.

신종은 높이 3.66m, 입지름 2.27m, 두께 11~25cm이며, 무게는 1997년 국립경주박물관에서 정밀측정한 결과 18.9톤으로 확인됐다. 신종의 소리는 맑고 웅장하며 무엇보다 국내 범종 가운데 가장 긴 여운을 갖고 있다. '맥놀이 현상'이라고 일컬어지는, 끊어질 듯 하면서 계속 이어지는 신종의 공명대는 사람이 듣기 가장 편한 주파수에서 소리를 낸다는 연구가 발표되기도 했다.

신종의 화려한 문양과 조각 수법도 통일신라 불교 조각 전성기의 수준을 대변한다. 용뉴(종을 매다는 고리)에는 부릅뜬 눈, 날카로운 이빨, 정교한 비늘까지, 용의 모습을 세세하면서 역동감 넘치게 표현했다. 몸체의 앙복련(연잎무늬), 연주문(구슬무늬), 모란당초문(모란과 덩굴무늬) 등 꽃무늬도 섬세하고 화려하기 그지없다.

신종 조각의 압권은 몸체 앞뒤로 새겨진 비천상이다. 비천상은 마주 보는 한 쌍씩, 총 두 쌍이 장식됐다. 연화좌(연꽃 방석) 위에 무릎을 꿇은 채 향로를 받쳐 들고 있으며 묶은 듯한 머리 위로는 여러 단의 천 자락과 두 줄의 영락(구슬 장신구)이 비스듬히 솟구쳐 하늘로 뻗어 있다. 연화좌 아래로 이어진 모란당초문은 비천상의 하단과 후면을 감싸며 구름무늬처럼 흩날린다. 인물의 세련된 자세, 바람에 날리는 옷자락과 절도 있으면서도 유려한 모란당초문의 표현은 단연 독보적이다.

마주 보는 비천상 사이에는 총 830자의 명문(성덕대왕신종지명)이 양각돼 있다. 명문의 내용에는 성덕왕의 공덕을 기리고 범종 제작을 추진했던 경덕왕의 효성과 이 사업을 이어받아 완성한 혜공왕의 덕망을 찬양하며, 종소리를 통해 궁극적으로 온누리가 복락을

비천상을 탁본하는 모습
사진 국립중앙박물관

일제강점기 성덕대왕신종에 새겨진
비천상을 탁본하고 있다.

누리기를 바라는 발원이 담겼다. 명문 역시 당시의 종교와 사상을
엿볼 수 있는 귀중한 금석문 자료이다. 무수한 굴곡진 사연에도 별
손상 없이 원형태를 잘 유지하고 있고 아직 타종도 가능하다는 것
이 놀라울 뿐이다.

국보의 가격

1935년 문화재 수집가인 간송 전형필은 일본인 골동품상에게 청자 상감운학문 매병(국보 제68호)을 구입하면서 2만 원의 거금을 지불했다. 당시 서울의 기와집 20채 값이다. 서울의 아파트 평균가격이 10억 원을 넘은 오늘날의 시세로 환산하면, 전형필이 지불한 2만 원은 200억 원에 달한다.

2019년 6월 경매에 출품된 백자대호(달항아리)는 31억 원에 낙찰돼 국내 도자기 최고 경매가를 기록했다. 국보도, 보물도 아니지만 이런 고가에 팔렸다. 청자 상감운학문 매병은 국보 청자 중에서 가장 뛰어난 걸작 예술품이다. 그 독보적 가치를 감안할 때 청자의 가치가 서울 아파트 20채 이상은 거뜬히 넘지 않을까.

국보 등 국가지정문화재도 당연히 거래될 수 있다. 거래의 대상이니 가격이 없을 수는 없다. 국가 소유의 국보를 사고팔 수는 없겠지만 민간이 갖고 있는 국보는 엄연히 개인 재산인 만큼 매매할 수 있다. 소유자 및 소재지 변경 사실을 문화재청에 신고만 하면 된다. 하지만 해외 매매는 사실상 불허된다. 문화재보호법은 문화재청장의 허가 없이 문화재를 국외로 수출하거나 반출할 수 없다고 규정한다.

대한민국 국보 중 어느 하나 소중하지 않은 것이 없겠지만, 굳이 최고 가치의 국보를 꼽자면 《훈민정음 해례본》(국보 제70호)일 것이다. 훈민정음, 즉 한글은 전 세계에서 가장 과학적이면서도 배우기 쉬운 문자로 평가 받는다. 무엇보다 세계 문자 중 만든 사람과 반포일, 글자를 만든 원리까지 아는 유일한 문자이기도 하다. 때문에 《훈민정음 해례본》은 값으로 매길 수 없는 '무가지보無價之寶'의 문화유산'이라는 의미에서 1조 원이 제시되기도 했다.

예술품 중에서는 금동미륵보살반가사유상(국보 제83호)을 으뜸으로 꼽는다. 전시를 위해 이동할 때 책정하는 보험가로 금동미륵보살반가사유상의 가격을 유추해볼 수 있다. 반가사유상을 소장하고 있는 국립중앙박물관은 2013년 10월 뉴욕전을 앞두고 안전한 이

송을 위해 보험평가위원회를 열어 보험가를 산정했다. 그 결과, 평가액은 5,000만 달러, 약 500억 원으로 나왔다.

신라 금관은 어느 수준일까. 황남대총 북분 금관(국보 제191호)은 금관 중 시기가 가장 앞서며 나뭇가지 세 개, 사슴뿔 두 개 등 장식을 세운 신라 왕관의 전형적 형식을 정립시켰다. 하지만 현존하는 금관이 여섯 개나 된다. 따라서 보험가는 반가사유상에 못 미치는 1,000만 달러였다.

백제 문화재 중 보험가가 제일 높은 것은 단연 백제 금동대향로(국보 제287호)이다. 1993년 능산리고분 기념관 주차장을 확장하는 과정에서 발견된 이 대향로는 창의성과 조형성이 뛰어나고 불교와 도교가 혼재된 종교적 복합성까지 담은 명작이다. 2004년 용산 중앙박물관 개관전시회 때 국립부여박물관에서 서울로 옮겨오면서 한 차례 보험가액을 매긴 바 있으며 그 액수는 3,000만 달러였다. 국보 자기류 중에서는 청자 투각칠보문뚜껑 향로(국보 제95호)의 보험가가 500만 달러로 국유 청자 중 제일 비쌌다.

이동하지 않더라도 파손이나 도난을 우려해 보험을 든다. 한국 미술품의 금자탑인 석굴암(국보 제24호)은 191억 원의 보험에 가입돼 있다. 보험가는 상징적으로 정해놓은 최소한의 기준이다. 보험료 부담으로 보험가를 본연의 가치보다 낮게 부여하는 경향도 있

금동미륵보살반가사유상
국보 제83호, 삼국시대, 국립중앙박물관

국보 미술품 중 가장 가격이 높을 것으로 추정
된다. 1912년 이왕가박물관이 일본인 고물상
에게서 2,600원에 구입했다. 국보는 희소성과
상징성을 따질 때 부르는 게 값이다.

음을 감안하여야 한다.

2017년 11월 미국 뉴욕 크리스티 경매에서 레오나르도 다빈치의 〈살바토르 문디(구세주)〉가 4억 5,030만 달러(약 4,979억 원)에 매각됐다. 국내에서는 2015년 12월 보물 제1210호 청량산 괘불탱이 35억 2,000만 원에 팔렸다. 보물은 간혹 시장에 나오지만 국보는 거의 모습을 드러내지 않는다. 희소성과 상징성을 따질 때 국보는 부르는 게 값일 수밖에 없다.

참고문헌

도서

강명관, 《조선사람들, 혜원의 그림 밖으로 걸어나오다》, 푸른역사, 2001

  《조선 풍속사 1~3》, 푸른역사, 2010

강우방, 《불교조각 1,2》, 솔, 2003

강종훈, 《신라상고사연구》, 서울대학교출판부, 2000

고유섭, 《구수한 큰 맛》, 다할미디어, 2005

곽동석·김동현·김상현, 《불국사》, 대원사, 1992

김영원, 《조선백자》, 대원사, 1991

김원룡, 《한국 고미술의 이해》, 서울대학교출판부, 1980

김재원, 《박물관과 한평생》, 탐구당, 1992

김재원 외 10인, 《박물관에 살다》, 동아일보사, 2009

문명대, 《고려불화》, 열화당, 1991

박은순, 《정선: 진경산수화를 완성한 화가》, 나무숲, 2002

박홍국, 《신라의 마음 경주 남산》, 한길아트, 2002

배한철, 《얼굴, 사람과 역사를 기록하다》, 생각정거장, 2016

  《얼굴, 사람과 역사를 기록하다》(개정증보판), 생각정거장, 2020

  《역사, 선비의 서재에 들다》, 생각정거장, 2019

  《한국사 스크랩》, 서해문집, 2015

서정록, 《백제금동대향로》, 학고재, 2001

성낙주, 《석굴암, 법정에 서다》, 불광출판사, 2014

안장헌·황수영, 《석굴암》, 열화당, 1989

안휘준, 《조선시대 산수화 특강》, 사회평론아카데미, 2015

　　　　《한국 회화의 4대가》, 사회평론아카데미, 2019

유홍준, 《국보순례》, 눌와, 2011

이경재, 《일본속의 한국 문화재》, 미래 M&B, 2000

이광표, 《국보 이야기》, 작은박물관, 2005

이구열, 《한국문화재 수난사》, 돌베개, 1996

이은상 편, 《난중일기》, 지식공작소, 2014

이종선, 《리 컬렉션》, 김영사, 2016

이재창·장경호·장충식, 《해인사》, 대원사, 1993

이충렬, 《간송 전형필》, 김영사, 2010

　　　　《혜곡 최순우, 한국미의 순례자》, 김영사, 2012

임재해, 《신라 금관의 기원을 밝힌다》, 지식산업사, 2008

장충식, 《신라석탑연구》, 일지사, 1987

정양모, 《고려청자》, 대원사, 1998

정영호, 《석탑》, 대원사, 1989

조유전, 《발굴 이야기》, 대원사, 1996

최성은, 《철불》, 대원사, 1995

최순우, 《무량수전 배흘림기둥에 기대서서》, 학고재, 1994

한국고대사회연구소 편, 《역주 한국고대금석문》, 가락국사적개발연구원, 1992

논문 및 자료집

김성수, "석가탑 무구정경의 다라니에 관한 연구", 〈서지학연구〉, 서지학회, 20권,
　　　　2000

문명대, "신라 법상종(유가종)의 성립문제와 그 미술-감산사 미륵보살상 및 아

미타불상과 그 명문을 중심으로", 〈역사학보〉, 역사학회, 62권, 1974

박상국, "무구정광대다라니경의 간행에 대하여", 〈문화재〉, 국립문화재연구소, 제33호, 2000

장활식, "경주첨성대의 파손과 잘못된 복구", 〈문화재〉, 국립문화재연구소, 45권 제2호, 2012

정성권, "경복궁 석조조형물의 시대사적 배경", 〈경복궁 석조조형물 학술연구 및 보존관리방안〔국제학술심포지엄 자료〕〉, 국립문화재연구소, 2013

황이연, "관촉사 석조미륵보살입상 도상 연구", 《미술사학연구》, 한국미술사학회, 2018

〈경주 첨성대 실측 훼손도 평가 조사보고서〉, 국립문화재연구소, 2013

〈고려불화대전 '700년 만의 해후' 1, 2〉, 국립중앙박물관, 2010

〈고대 불교조각의 흐름〉, 국립중앙박물관, 2015

〈능산리〉, 국립부여문화재연구소, 1998

〈무령왕릉 발굴조사보고서〉, 문화재관리국, 1973

〈미륵사지 석탑 보수정비〔국제포럼자료집〕〉, 국립문화재연구소, 2011

〈백제 불교 문화의 보고寶庫 미륵사 학술심포지엄 논문집〉, 국립문화재연구소, 2010

〈성덕대왕신종〉, 국립경주박물관, 1999

〈울주 대곡리 반구대 암각화 발굴조사보고서〉, 국립문화재연구소, 2015

〈익산 미륵사지 석탑 639년에서 2019년까지〉, 국립문화재연구소, 2019

〈조선왕조실록 밀랍본 복원기술 연구보고서〉, 국립문화재연구소, 2013

〈평양 석암리 9호분〉, 국립중앙박물관, 2018

〈한국의 범종〉, 국립문화재연구소, 1996

〈황남대총 북분발굴조사보고서〉, 문화재관리국 문화재연구소, 1985

사진 출처

국보, 역사의 명장면을 담다

초판 1쇄 2020년 11월 16일
초판 3쇄 2021년 6월 10일

지은이 배한철
펴낸이 서정희
펴낸곳 매경출판(주)
책임편집 이현경
마케팅 강윤현 이진희 장하라
디자인 김보현 이은설

매경출판(주)
등록 2003년 4월 24일(No. 2-3759)
주소 (04557) 서울시 중구 충무로 2 (필동1가) 매일경제 별관 2층 매경출판(주)
홈페이지 www.mkbook.co.kr
전화 02)2000-2633(기획편집) 02)2000-2636(마케팅) 02)2000-2606(구입 문의)
팩스 02)2000-2642 **이메일** publish@mk.co.kr
인쇄 · 제본 (주)M-print 031)8071-0961
ISBN 979-11-6484-188-2(03910)

책값은 뒤표지에 있습니다.
파본은 구입하신 서점에서 교환해 드립니다.

이 도서의 국립중앙도서관 출판예정도서목록(CIP)은 서지정보유통지원시스템 홈페이지(http://seoji.nl.go.kr)와
국가자료공동목록시스템(http://www.nl.go.kr/kolisnet)에서 이용하실 수 있습니다.
(CIP제어번호: CIP2020043955)